名作で学ぶ
フランス語
音読トレーニング

星の王子さま
眠りの森の美女
青ひげ
長靴をはいた猫
サンドリヨン

CAFÉ

鹿野晴夫・ケゼール千尋・土居佳代子 - 共著
川島隆太 - 監修

もくじ

第2部　シャルル・ペローのおとぎ話　109

トレーニングの前に

- ■ 実力アップは、
  「フランス語回路」の育成から

- ■ 脳科学の言葉
  脳を鍛えて
  「外国語回路」をつくる

実力アップは、
「フランス語回路」の
育成から

　本書は、「1日10分！『英語回路』育成計画」シリーズのフランス語版です。英語の「1日10分！」シリーズはこれまでに、「伸び悩んでいた英語力がアップした」「TOEICスコアで昇進基準をクリアできた」といった声をたくさんいただいています。同じメソッドをフランス語にも応用しました。

　（詳しいトレーニング法については p.28〜33をご覧下さい。）

　レベルとしては一通り基本の文法を終えた、初級後半から中級くらいに設定されていますが、全てのフランス語に和訳があり、辞書を引く必要なく練習できるようになっていますので、まだ始めたばかりの方でも挑戦できますし、このメソッドで学習してみることは、もっと上級の方にもプラスになるはずです。

　学習人口が英語に比べ少ないせいか、フランス語の中級からの教材はそれほど多くありません。何から学習したらよいかわ

からないという皆さん、ひと通り基本の学習を終えて、さらに効果的にフランス語力をアップさせたいという皆さんに、ぜひ本書を使って、頭の中に「フランス語回路」を育成するトレーニングを行っていただきたいと思います。本書を使って音読を重ねることで、フランス語を聞くこと、読むことが少し楽になったと感じるはずです。そして本書を学習し終える頃には、もっと先へ進みたいという意欲がわいていることでしょう。

　本書のトレーニングは、メソッドの発案者でいらっしゃる鹿野先生ご自身に効果があった方法であり、鹿野先生が指導をされている BizCom 東京センターの生徒さんや全国の読者の皆さんに効果があった方法です。フランス語学習者には鹿野晴夫先生のお名前はなじみがないかもしれませんが、英語トレーニングの指導で非常に実績のある先生です。

　このトレーニングは効果が実証されているだけでなく、その理由も明らかになっています。それは、本書のタイトルの通り、「外国語回路」を育成する方法だからです。その原理は、本書の監修者である東北大学の川島隆太教授の解説をご覧ください。

　この方法は川島先生が書いておられる通り、脳が鍛えられる、「フランス語回路」ができる、さらにフランス語で名作に触れられると、一石二鳥におまけまでついています。

「外国語回路」あるいは「フランス語回路」とは

　フランス語をフランス語のまま理解できるようになるには、日本語に最適化された「日本語回路」を使って理解しようとするのではなく、入ってくるフランス語を「フランス語回路」で処理できるようにならなければなりません。ところが単語を覚え文法を勉強するだけではそのフランス語回路が育たないので、フランス語をフランス語のまま処理できるようになれないのです。フランス語や英語は日本語と語順が違います。文法や単語の知識だけではどうしても日本語回路で処理してしまうため、読んで理解する場合はともかく、聞く場合はスピードについていけないのです。

　では、どうすればよいのでしょう。それには「意味のわかったフランス語の文を高速で音読すること」が一番です。「意味のわかったフランス語の文」とは、日本語と同じレベルで「イメージがわくようになったフランス語の文」ということです。そのために、日本語訳を活用します。日本語訳を音読して、十分に脳にイメージをわかせてから、同じ意味のフランス語の文を音読するのです。これでフランス語を音読しながら意味もはっきりイメージできるようになります。

　「高速で音読する」とは、ネイティブが普通に音読するスピードを最低ラインの目標として、それ以上のスピードで音読するということです。ネイティブと同じかそれ以上のスピードで音読できれば、ネイティブの話すフランス語を楽に聴けるように

なるのです。これがフランス語をフランス語回路で処理できる
ようになるということです。

やさしいフランス語の文から、ステップアップ

　フランス語回路を育成するには、やさしいフランス語から始
めることが大事です。なぜなら難解な文章では速く音読するの
が難しいため、回路育成に必要なスピードが不足するからで
す。スピードの目安として本書に付属の音声 CD は、同じフラ
ンス語の文を、2段階で収録してあります。

> フランス語の文　　　口語中心の平易な文。

> 音声

❶ 160〜170語／分、ニュースキャスターのように、
　情報を正確に伝えることに留意しつつ、普通に音読し
　ているスピードです。本書ではこれを rapide と呼び
　ます。
❷ 110〜120語／分、ネイティブ・スピーカーが十分
　に感情を込めて、少し慎重に音読しているスピードで
　す。本書ではこれを lent と呼びます。

　ちなみに、ネイティブ・スピーカーは、完全に意味を理解しながら、180 語／分以上のスピードで音読することができます。これが、本書を使った速音読の最終目標スピードです。このスピードに近づく過程で、フランス語回路が育成されます。トレーニング法は p.28 以下にも詳しい説明がありますが、次のようにしてスピードを上げていきます。

1. まずは、110〜120 語／分で、しっかりと意味を理解しながら、気持ちを込めて正確に音読できるように。

2. 次のステップで、意味を理解しつつ、ネイティブ・スピーカーの最速レベル（180 語／分）を目標の目安として，自身の音読スピードを上げていきましょう。

　この方法によって、「フランス語回路」が育成されます。何回か音読したあと rapide の方の CD トラックをきいてみてください。文頭からスーッと自然に入ってきて、イメージができるようになっていれば、「フランス語」回路で処理しているということです。このようにスーッと理解できるようになると、きっとフランス語を聞くのが楽しくなり、楽しくなるとさらに学習に弾みがつくはずです。

本書は、学習の成果が目に見えるように、と音読スピードが記録できるようになっています。記録をつけることで、自身の最高スピードが更新されていくのを確認してください。なお、ネイティブ・スピーカーの最高速を目安にすることは大事ですが、ネイティブ・スピーカーはライバルではありません。ライバルは、あくまでも自分自身です。本書で速音読を始める前の自分、昨日トレーニングしたときの自分、１回前に音読したときの自分。過去の自分より、少しでも速く音読できることが、また一歩、成長できた証なのです。

　さあ、１日10分、今日から始めましょう。

「速音読」で、
だれでもできる「フランス語回路」。
たのしく、どんどんフランス語脳を
つくろう！

脳科学の言葉
脳を鍛えて
「外国語回路」をつくる

東北大学加齢医学研究所教授
川島　隆太

脳が鍛えられ「外国語回路」ができて一石二鳥

コミュニケーション能力を高めたい。
創造力を高めたい。
記憶力を良くしたい。
自制心を高めたい。

　人の名前をきちんと覚えて、楽しい会話ができ、いいアイデアを出せ、器が大きい人になりたい。もちろん私もですが、皆さんもそう願っているのではないでしょうか。
　これらの活動のカギを握っているのは、脳の前頭前野と

いう部位である、ということが、私たちが行っている脳機能イメージングという研究からわかってきました。

　前頭前野は、ヒトの脳の最大の特徴ともいうべき部位です。ヒトに次ぐ高度な脳を持つ類人猿のチンパンジーやボノボでさえ、大脳に占める前頭前野の大きさの比率はヒトに遠く及びません（ヒト：30％〜、チンパンジー・ボノボ：7〜10％）し、その他の動物には問題にならないほどわずかしかありません。ヒトをヒトたらしめている最も重要な部位ともいうべきなのが前頭前野であり、「創造力」や「コミュニケーション力」といった高次の脳活動を担っているわけです。

　私たちはその前頭前野を鍛える方法を見つけました。効果のある代表的な方法は、「音読」と「単純計算」です。黙読より「音読」が、難解な数学の問題を解くより「単純計算」のほうが、前頭前野をおおいに活性化させることがわかったのです。

　そして、最近の研究で、もっと脳を鍛えることができるトレーニングがあるとわかってきました。それは音読です。

　この音読には、外国語を使うための「外国語回路」をつくることができるという「特典」までついてきます。

⑴　脳力が鍛えられる
⑵　「外国語回路」ができる

　「外国語回路」については後で詳しく説明しますが、音読にはまさに「脳」と「外国語」に対して、一石二鳥の効果があるのです。

　音読は脳の活性化に効果があるだけではなく、外国語教育の専門家から見ても、外国語習得の1番の方法でもあります。

　「外国語回路」について「特典」という言い方をしてしまいましたが、外国語の側から見ると、外国語の音読には脳を鍛えるという「特典」もつくのか、となるわけです。望外の一石二鳥ですね。

　本書のトレーニングを実践して、「脳」と「外国語」についての効果を実感してください。

　また、「トレーニングの記録」を忘れずにつけてください。記録をつけなくても、脳が鍛えられ、「外国語回路」ができていく感覚は体感できると思いますが、はっきり効果を実感するには、やはり、客観視できる記録をつけるのが1番です。自分の進歩の足跡を眺めることが、トレーニングを続けるモチベーションになりますし、ときどきムクムクとわき起こってくる「今日くらいはサボってもいいかな」という怠け心を退ける特効薬にもなるから

です。1日5分でもいいですから、毎日続けることが、効果的な脳トレーニングの秘訣です。

脳にも筋トレがぜったい必要です

脳の鍛え方はスポーツと同じです。

野球でも、テニスでも、サッカーでも、水泳でも、秘密の「必勝法」を授かったとしても、その必勝の技術を実践するだけの動きができなければ意味がありません。いくら頭の中で華麗なフリーキックを決めたとしても、実際そのとおりにサッカーボールをけることができなければ、何にもならないのです。

イメージどおりに体を動かすために不可欠なのが、体力づくり、筋力づくりです。優れた技も、基礎体力がなければ成り立ちません。私は学生時代、ラグビー部に所属していたバリバリの体育会系でしたが、息切れしていては、いいステップは踏めないし、相手にタックルする気力も半減してしまうものです。

脳についても、同じことがいえます。「創造力」「コミュニケーション力」「高い記憶力」などの応用能力を十分に発揮するためには、体力・筋力トレーニングが必須です。それが、本書のような脳を鍛えるトレーニングなのです。

　基礎となる土台が大きく、堅固であればあるほど、より高次な知性を、より高いレベルまで積み上げていくことができるのです。

　基本がしっかりできているから、応用ができる。
　このことは、スポーツでも、仕事でも、語学でも、脳についてでも、どの世界にも共通のことでしょう。

なぜ外国語の速音読が脳に効くのか？

　「外国語の音読で、もっと脳を鍛えることができる」と書きました。簡単に説明すると、下記のようになります。

1　母国語を音読すると、脳が活性化する
2　音読のスピードを速くすればするほど、脳が活性化する
3　母国語とは違った文法体系の文章を音読すると、さらに脳が活性化する
4　つまり、外国語を速く音読すると、さらに脳が活性化する

　ということがわかっているのです。抽象的で納得しづら

いと思いますので、ちょっとかみ砕いてみましょう。

1・2 ➡ 脳の中の状態を調べるために、機能的MRIや光ト
ポグラフィーなど、脳機能イメージング装置を
組み合わせて、さまざまな実験をしました。す
ると、難しい問題をじっくり解いたり、考えご
とをしたりしているときよりも、文章を音読し
ているときに、脳がおおいに活性化することが
わかりました。

　また、音読のスピードが速ければ速いほど活
発に働くこともわかりました。

3・4 ➡ 日本人が外国語を音読すると、日本語を音読す
るよりも、より脳が活性化します。それは、外
国語が日本語とは違う文法体系にあるからでは
ないか、ということが推測されます。

　ここで、英語学習者を対象に行った実験をご紹介しま
しょう。

　日本人の英語学習者が英語を読むと、日本語を読んだと
きよりも、左の前頭前野のブローカ野がより活性化しま

す。ブローカ野とは、脳の中で文章をつくったり、言葉を発したりするときに働く、言葉に深くかかわりのある脳の部位です。

　次に、韓国人で英語を第一外国語、日本語を第二外国語として学習している人たちに協力してもらって実験したところ、英語を読んだときには、日本人の英語学習者が英語を読んだときと同じように、より脳が活性化しました。ところが、日本語を読んだ場合には、活性の度合いが韓国語を読んだ場合とあまり変わらなかったのです。

　どうしてさほど活性化しなかったのでしょうか。私たちは日本語と韓国語の文法がとても似ていることに注目しました。極端にいえば、日本語と韓国語では受動態があるかないかの違いぐらいしかありませんので、単語さえ理解してしまえば、お互いに非常に学びやすい言語だといえます。第二外国語とはいえ、日本語を学習している被験者でしたから、このような結果が出たのかもしれません。反対に英語の文法体系は、日本語や韓国語とはまったく違います。

　このことから、私たちは、左の前頭前野のブローカ野は、そのような文法の理解と関係があるのではないか、という推測をしました。

　そこで、実際に日本人の被験者を対象に、日本語文法の

正誤を聴き分けさせる実験をしたところ、左のブローカ野がおおいに活性化したのです。現在使っている日本語とはまったく文法が異なる古文を読んでいるときにも同じ結果が得られました。

　結論として、外国語に限らず、素直に理解できない言語を扱うときには、左のブローカ野の機能をおおいに使っていることがわかってきたのです。

　つまり、私たちが普段使っている言葉とは違う文法の文章を音読すると、もっと脳を活性化させられるということです。

「外国語回路」とは？

　「外国語回路」とは、日本人の外国語学習者が後天的に獲得する、外国語を使うときに働く脳の機能を指しています。

　生まれてからすぐ海外に住み、家庭では日本語、外では外国語というように、2つの言語を自然と使ってきた、いわゆるバイリンガルの人たちは、日本語も外国語も同じようにペラペラと話すことができます。こういう人たちは、外国語もほぼ同じ脳の場所を使っています。ところが、同じように外国語がペラペラでも、中学生や高校生になってから一生懸命勉強した人たちは、日本語と外

国語とで、脳の少し違う場所を使っているのです。

　その少し違う場所にできるのが「外国語回路」なのです。

　一度、脳の中に「外国語回路」のネットワークさえつくってしまえば、外国語学習は効果的に進みます。

どうやって「外国語回路」をつくるのか？

　「外国語回路」をつくるのには音読が最適だと考えられます。

　語学習得の側から見た音読の有効性については、本書８～13ページの〈**実力アップは、「フランス語回路」の育成から**〉を読んでいただくとして、下記では、脳科学の分野でわかってきていることをご紹介します。

　1　「外国語回路」には、先ほどの文法についての実験例で出てきた左のブローカ野も含まれています。「外国語の音読」によって、外国語の文法を扱う脳機能――つまり「外国語回路」をダイレクトに活性化させているという推測ができます。「外国語回路」の構築とは、外国語の文法体系を脳のネットワークに組み込むことではないかとも考えられるのです。

　2　音読は、テキストを読むことで「目」を、声に出す

ことで「口」を、自分が音読した声を聴くことで「耳」を使っています。脳の記憶のメカニズムからも、より多くの感覚を使ったほうが、記憶効率が良くなることがわかっています。

3 音読は脳のウォーミングアップになり、学習能力が高まります。前頭前野を全体的に活性化させる音読には、抜群の脳ウォーミングアップ効果があり、脳の学習能力、記憶力を高めるという、実証済みのデータがあります。

　本書のトレーニングは、「外国語回路」を育てるトレーニングです。また、その後に行う外国語学習の効率を最大限に高める効果もあります。

より効果を高めるトレーニング方法は？

● **なるべく速く読むこと**

　脳を鍛えるには、なるべく速く音読することが効果的です。速く読めば読むほど、脳はより活性化してくれるからです。

　また、幸いなことに、外国語学習の側から見ても、なる

べく速い音読のほうが効果が高いといわれています。

●覚えたら次に進む

ただ、1つ押さえておかなくてはならないことは、速く音読するために、何度も繰り返し読み、覚えることを通り越して暗記するまでになってしまったら、脳の活性化の効果は失われてしまうということです。ですから、脳と外国語のトレーニングに最適なのは、覚えたら次に進む、ということだと思います。簡単なものでもよいから、自分が興味を持てる新しい素材を使うことが大切でしょう。

●仕上げに「書き取り」にチャレンジしてみる

脳を効果的に鍛える観点からも、CDの音を聴いて書く「書き取り」は大変有効です。

言語には、「音声言語」と「書字言語」の2種類の言葉があり、それぞれ脳の違う場所と機能を使って処理されています。音読では、まず、目、耳、口を使って、「書字言語」→「音声言語」というプロセスをフルにトレーニングします。次に、耳（聴覚）と手（触覚）を使って、「音声言語」→「書字言語」のプロセスをトレーニングします。両者をこなすことによって、言語に関するプロセスをすべて活用した、総合学習が完成するのです。

脳は何歳からでも鍛えることができます。

　本書のトレーニングは、脳を鍛えるためにも外国語習得のためにも大変効果的なものですから、自信を持って続けてください。必ず成果を実感できるはずです。

※上記は『川島隆太教授のいちばん脳を鍛える「英語速音読」ドリル』（小社刊）掲載の文章を諸外国語の学習者向けに改訂したものです。

「フランス語回路」育成計画

- ■「フランス語回路」育成トレーニング
  基本編〈リスニング力を強化する〉

- ■「フランス語回路」育成トレーニング
  応用編〈読む、話す、書く力を強化する〉

- ■「フランス語回路」育成計画表

「フランス語回路」育成トレーニング

基本編　〈リスニング力を強化する〉

　以下の手順で、トレーニングを行いましょう。速音読によるフランス語回路の育成が、リスニング力の向上につながることが実感できるはずです。

étape 1 ── CD【rapide】を聴く

étape 2 ── 日本語訳の音読

étape 3 ── CD【lent】を聴き、フランス語の文の音読

　　　　　　　　　　➡ 3回繰り返す

étape 4 ── フランス語の文の速音読 1・2・3［時間を記録］

étape 5 ── CD【rapide】を聴く［成果の確認］

　トレーニング時間の目安は、1ラウンド、10分程度です。秒数が測れる時計（できればストップウォッチ）を用意してください。

étape 1 ── CD【rapide】を聴く

　rapide（160〜170語／分）の CD を聴き、どの程度内容を理解できるか確認しましょう。理解度を１〜５段階評価して、各ラウンドの記録表に記入します。

　●評価の目安
　　１：まったくわからない
　　２：ところどころわかる
　　３：半分くらいわかる
　　４：ほぼわかる
　　５：完全にわかる

étape 2 ── 日本語訳の音読

　日本語訳を、内容を理解しながら、音読しましょう。フランス語をフランス語のまま理解できるように、**フランス語の文の語順に合わせた訳**をつけています。

étape 3 ── CD【lent】を聴き、フランス語の文の音読

➡ 3回繰り返す

lent（110〜120語／分）の CD をかけ、フランス語の文を目で追って、単語の発音を確認しましょう。その後で、フランス語の文を音読します。ここでは、lent の音声スピードと同じくらいの速さとリズムを意識して音読してください。この作業（CD を聴き、音読する）を3回繰り返します。

étape 4 ── フランス語の文の速音読 1・2・3［時間を記録］

秒数を測りながら、フランス語の文を速音読します。3回繰り返して、それぞれの時間を1〜3回目の欄に記入します。1回目より、2回目。2回目より、3回目と、最高記録更新を目指して、音読スピードを上げていきましょう。

étape 5 — CD【rapide】を聴く［成果の確認］

　rapide（160〜170語／分）の CD を聴き、どの程度内容を理解できるか確認しましょう。再度、理解度を１〜５段階評価して、記録表に記入します。フランス語がゆっくり、はっきり聞こえるはずです。

●記録の記入例

目標タイム
17.7 秒

rapideを聴く （1回目）	速音読 1	速音読 2	速音読 3	rapideを聴く （成果の確認）
1・2・③・4・5	26.1 秒	22.7 秒	20.1 秒	1・2・3・4・⑤

> 聴く・読む・話す・書く！
「フランス語回路」育成には、
五感をフルに使うことが１番 !!

応用編 〈読む、話す、書く力を強化する〉

　基本編のトレーニング（étape 1～5）で、リスニング力を
強化することができます。この étape 1～5のトレーニング
の後に、étape 6として、以下のトレーニングを加えることで、
リーディング力・スピーキング力・ライティング力を高めるこ
とができます。

étape 6-A ── フランス語の文の黙読 〈リーディング力アップ〉

　フランス語の文を声に出さずに、なるべく速く黙読します。
　目を、フランス語の文の途中で止めたり、戻ったりさせずに、
左から右に流れるよう動かしながら、フランス語の文の内容
を理解しましょう。速音読による、リーディング力アップを
実感できるはずです。

étape 6-B ── シャドウイング 〈スピーキング力アップ〉

　シャドウイングとは、テキストを見ずに、聞こえてきたフ
ランス語をわずかに遅れながら話していくトレーニングです。
影（shadow）のようについていくことから、シャドウイング

と呼ばれています。

　lent（110〜120語／分）のCDをかけ、シャドウイングに挑戦してみましょう。意味を理解しながら、CDに遅れずに話すことが目標です。この方法で、スピーキング力を高めることができます。

> ### étape 6-C ── フランス語の文の速写〈ライティング力アップ〉

　テキストを見て、フランス語の文を意味の区切りまで音読し、次に、今後はテキストを見ずにフランス語の文を声に出しながらノートに書きます。意味の区切りとは、カンマ（,）、ピリオド（.）が基本ですが、自分で意味が理解できる範囲でさらに短く区切っても構いません。

　ライティングの基本は、話すように書くことです。声に出すことで、身についたフランス語のリズムを助けとすることができ、それに加えて書くことで、語彙・文法が定着していきます。

「フランス語回路」育成計画表

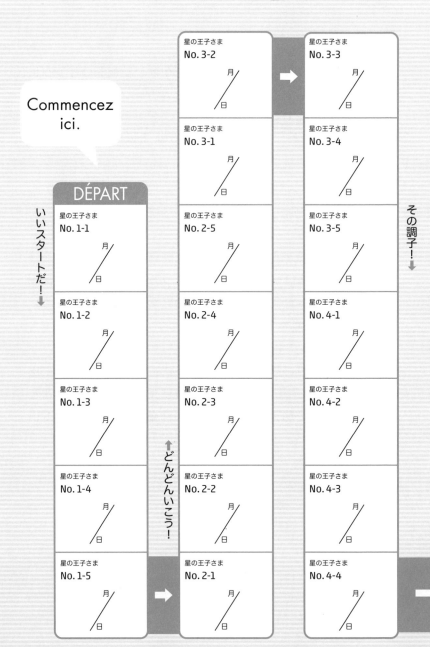

Commencez ici.

DÉPART

星の王子さま
No. 1-1

月／日

いいスタートだ！

星の王子さま
No. 1-2

月／日

星の王子さま
No. 1-3

月／日

星の王子さま
No. 1-4

月／日

星の王子さま
No. 1-5

月／日

星の王子さま
No. 2-5

月／日

星の王子さま
No. 2-4

月／日

星の王子さま
No. 2-3

月／日

星の王子さま
No. 2-2

月／日

星の王子さま
No. 2-1

月／日

どんどんいこう！

星の王子さま
No. 3-2

月／日

星の王子さま
No. 3-1

月／日

星の王子さま
No. 3-3

月／日

星の王子さま
No. 3-4

月／日

星の王子さま
No. 3-5

月／日

星の王子さま
No. 4-1

月／日

星の王子さま
No. 4-2

月／日

星の王子さま
No. 4-3

月／日

星の王子さま
No. 4-4

月／日

その調子！

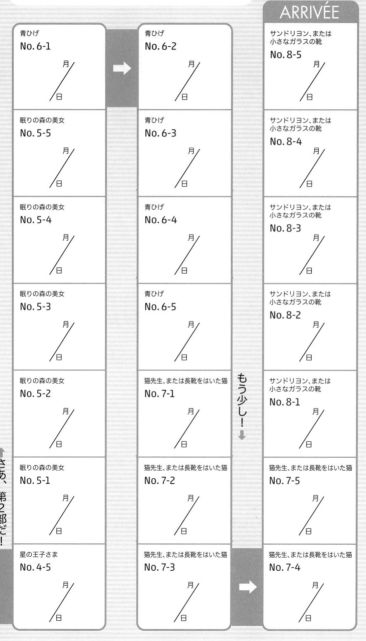

10 minutes par jour pour
développer le réflexe du français

ARRIVÉE

青ひげ
No. 6-1
月／日

青ひげ
No. 6-2
月／日

サンドリヨン、または
小さなガラスの靴
No. 8-5
月／日

眠りの森の美女
No. 5-5
月／日

青ひげ
No. 6-3
月／日

サンドリヨン、または
小さなガラスの靴
No. 8-4
月／日

眠りの森の美女
No. 5-4
月／日

青ひげ
No. 6-4
月／日

サンドリヨン、または
小さなガラスの靴
No. 8-3
月／日

眠りの森の美女
No. 5-3
月／日

青ひげ
No. 6-5
月／日

サンドリヨン、または
小さなガラスの靴
No. 8-2
月／日

眠りの森の美女
No. 5-2
月／日

猫先生、または長靴をはいた猫
No. 7-1
月／日

サンドリヨン、または
小さなガラスの靴
No. 8-1
月／日

眠りの森の美女
No. 5-1
月／日

猫先生、または長靴をはいた猫
No. 7-2
月／日

猫先生、または長靴をはいた猫
No. 7-5
月／日

星の王子さま
No. 4-5
月／日

猫先生、または長靴をはいた猫
No. 7-3
月／日

猫先生、または長靴をはいた猫
No. 7-4
月／日

←最後の仕上げだ！

もう少し！↓

↑さあ、第2部だ！

★ ハイフンやアポストロフィでつないだ単語は1語と数えました
（例：va-t'en＝1語）。

★ 単語は原則として新出のものを、レッスン内出現順に示しました。

★ 単語欄で使用した記号は下記のとおりです。

m.	男性名詞
f.	女性名詞
pl.	複数
inf.	不定詞（訳では「…」）
qn	人（訳では「(人)」）
qc	物（訳では「…」）
AB	文中に2つの要素が現れるとき（訳では AB）
接続法	(訳では「…」)
半過去	(訳では「…」)
直説法	(訳では「…」)

第1部
星の王子さま

「星の王子さま」のあらすじ

　このお話は、王子さまと語り手「ぼく」の出会いと別れの物語です。

　語り手の「ぼく」は飛行機のパイロットです。子どものころから、自分を理解してくれる相手もなく、孤独に生きてきました。そんなある日、「ぼく」の飛行機がサハラ砂漠に不時着します。人里離れた砂漠のなかでたったひとりきり、飲み水も1週間分しかなく、生きるか死ぬかの瀬戸際です。ところがそこで、「ぼく」は不思議な男の子と出会います。小さな星からやってきた、王子さまです。

　王子さまと出会い、「ぼく」は初めて自分を理解してくれる人にめぐりあいました。ほかの人にはただの帽子の絵にしか見えなかった絵が、ゾウを消化しているヘビの絵だと王子さまにはすぐにわかったのです。今までそんな人はいませんでした。ここから、「ぼく」と王子さまの友情が始まります。

　王子さまは「ぼく」に少しずつ、自分の星でのできごとを話してきかせました。バオバブという悪い植物がはびこっていて、芽を摘まなくてはならないこと、美しいバラの花が咲いたこと、けれどもそのバラは気難しくて王子さまを苦しめたこと、そしてそのせいで、星を離れて旅に出る決心をしたこと…。王子さまはそうして旅に出た先で出会ったさまざまな星の住人たち──王さま、うぬぼれ屋、よっぱらい、ビジネスマン、点灯夫、地理学者──の話もしました。

さまざまな星を訪れたあと、王子さまがやってきたのが地球です。地球ではキツネと出会い、人でもものでも、大切なものとはどういうものかを教わりました。そして、自分の星に残してきたバラが、どれだけ大切な存在だったかに気がつきます。

　その後、王子さまはキツネと別れ、バラのいる星に戻るため、砂漠にやってきました。「ぼく」が不時着したときに、王子さまが砂漠にいたのはそういうわけでした。

　「ぼく」は奇跡的に飛行機の修理に成功します。しかし、その翌日、王子さまは星に戻るため、ヘビに体を噛ませて死んでしまいました。けれども、夜が明けてみると王子さまの体はどこにもありません。「ぼく」は王子さまの思い出を胸に、人間の世界へと戻ったのでした。

第1章

出 会 い

だれにも
理解されることなく
孤独に生きてきた「ぼく」は、
ある日飛行機事故で砂漠に不時着し、
不思議な王子さまに出会います。
王子さまは「ぼく」に
自分の小さな星での
出来事を語ります。

Les grandes personnes ne comprennent jamais toutes seules. (1)

☆ 「星の王子さま」の最初の場面。
　 語り手の「ぼく」の子どものころの思い出です。

Lorsque j'avais six ans, j'ai vu une belle image dans un livre qui s'appelait *Histoires vécues*. Cette image représentait un serpent boa qui mangeait un fauve. Voilà la copie du dessin.

On disait dans le livre : « Les serpents boas mangent leur proie tout entière. Ensuite ils ne peuvent plus bouger. Ils dorment pendant les six mois suivants. »

J'ai beaucoup réfléchi. Puis, j'ai tracé mon premier dessin avec un crayon de couleur. Mon dessin numéro 1 était comme ça :

J'ai montré mon chef-d'œuvre aux grandes personnes. Je leur ai demandé si mon dessin leur faisait peur.

Elles m'ont répondu : « Pourquoi un chapeau ferait-il peur ? »

103 mots

おとなって、ひとりでは何もわからない （1）

　6歳のとき、みごとな絵を見た。「ほんとうにあった話」という本の中で。その絵はボアというヘビの絵だった、けものを食べている。これがその絵の写しだ。

　本の中では言っていた。「ボアというヘビは獲物をまるごと食べます。そうすると、もう動けなくなってしまいます。そして、そのあと半年間は、眠っています」

　ぼくはよく考えた。そして、初めての絵を描いた。色鉛筆で。ぼくの初めての絵はこんなふうだった。

　ぼくはこの傑作をおとなたちに見せた。そして聞いた、この絵が怖くないかどうか。

　おとなたちはぼくに答えた。「どうして帽子がこわいの？」

編注：本書の和訳は、著者のメソッドに従い、フランス語をフランス語のまま
理解できるように、フランス語の文の語順に合わせた訳になっています。

語句解説

□ vécues > vivre　生きる、経験する

□ représentait > représenter
　描く、描写する

□ serpent m.　ヘビ

□ boa m.　ボア

□ fauve m.　けもの

□ copie f.　写し、コピー

□ dessin m.　絵

□ proie f.　獲物

□ ... tout entière > tout entier
　…全体

□ peuvent > pouvoir　できる

□ disait > dire　言う

□ ne ... plus　もう…ない

□ bouger　動く

□ ai tracé > tracer　描く

□ crayon de couleur m.　色鉛筆

□ chef-d'œuvre m.　傑作

□ grande personne f.　おとな

□ faisait peur à qn > faire peur à
　qn　（人）を怖がらせる

目標タイム	rapideを聴く（1回目）	速音読 1	速音読 2	速音読 3	rapideを聴く（成果の確認）
34.3 秒	1・2・3・4・5	秒	秒	秒	1・2・3・4・5

Les grandes personnes ne comprennent jamais toutes seules. (2)

☆ 「ぼく」は今度はおとなたちにもわかるように
絵を描きます。

Mon dessin ne représentait pas un chapeau. Il représentait un serpent boa qui digérait un éléphant. J'ai donc tracé un deuxième dessin. Afin que les grandes personnes puissent comprendre, mon deuxième dessin représentait l'intérieur du serpent boa. Les grandes personnes ont toujours besoin d'explications. Mon dessin numéro 2 était comme ça :

Les grandes personnes m'ont conseillé de laisser de côté les dessins de serpents boas ouverts ou fermés. Les grandes personnes ne comprennent jamais rien toutes seules. Et c'est fatigant pour les enfants de toujours leur donner des explications.

89 mots

おとなって、ひとりでは何もわからない (2)

　ぼくの絵は帽子じゃない。ボアというヘビだ、ゾウを消化している。だから
ぼくは2枚目の絵を描いた。おとなたちにはいつでも必要だ、説明が。おとな
たちにもわかるように、2枚目の絵はボアの内側の絵にした。ぼく2番目の絵
はこんなふうだった。

　おとなたちはぼくにすすめた、やめるように、ボアの内側と外側の絵を。お
となって、ひとりでは何もわからない。そして、疲れることだ、子どもたちに
とっては、いつもおとなたちに説明をしてあげなくてはいけないのは。

目標タイム	rapideを聴く (1回目)	速音読 1	速音読 2	速音読 3	rapideを聴く (成果の確認)
29.7 秒	1・2・3・4・5	秒	秒	秒	1・2・3・4・5

Une drôle de petite voix m'a réveillé au lever du jour.

☆ 絵の道をあきらめた「ぼく」は飛行士になりました。
ある日「ぼく」の飛行機が砂漠に不時着し、
「ぼく」は不思議な王子さまに出会いました。

Pendant de nombreuses années, ma vie a été solitaire. Je n'avais personne à qui parler véritablement. Puis, il y a six ans, mon avion est tombé en panne dans le désert du Sahara. J'étais tout seul. Je savais que j'avais à réparer mon avion tout seul, sans aide. C'était une question de vie ou de mort.

Mon premier soir dans le désert, je me suis endormi tout de suite. J'étais très fatigué. J'étais à mille milles de toute terre habitée. Alors vous imaginez ma surprise quand une drôle de petite voix m'a réveillé au lever du jour. Cette voix disait :

« S'il vous plaît… dessine-moi un mouton ! »

106 mots

明け方、不思議な小さな声で起こされた

　何年もの間、ぼくの生活は孤独だった。だれもいなかった、ほんとうに話せる相手は。そして6年前、ぼくの飛行機が故障した、サハラ砂漠で。ぼくはたったひとりだった。ぼくにはわかっていた、ひとりで飛行機を修理しなくてはならないと、助けなしで。生きるか死ぬかの問題だった。

　砂漠での最初の晩、ぼくはすぐに眠りについた。とても疲れていたのだ。1000マイルも離れたところにいた、人の住む土地から。だからぼくの驚きを想像してみてほしい、不思議な小さな声に起こされたときの。明け方のことだった。その声は言った。

「お願い。ヒツジの絵を描いて」

語句解説

□ pendant ...　…の間
□ nombreuses > nombreux　多くの
□ solitaire　孤独な
□ ne ... personne　だれも…ない
□ véritablement　ほんとうに
□ il y a ...　…前
□ est tombé en panne > tomber en panne　故障する
□ désert m.　砂漠
□ Sahara m.　サハラ（砂漠）
□ réparer　修理する
□ sans ...　…なしで
□ question de vie ou de mort f.　生きるか死ぬかの問題

□ me suis endormi > s'endormir　眠りにつく
□ fatigué　疲れている
□ milles > mille m.　マイル
□ imaginer　想像する
□ surprise f.　驚き
□ une drôle de ...　おかしな…、不思議な…
□ a réveillé > réveiller qn　（人）の目を覚ます
□ lever m. du jour　夜明け
□ mouton m.　ヒツジ

目標タイム 35.3 秒	rapideを聴く（1回目）1・2・3・4・5	速音読 1　　秒	速音読 2　　秒	速音読 3　　秒	rapideを聴く（成果の確認）1・2・3・4・5

Dessine-moi un mouton.

☆ 突然現れた王子さまは「ぼく」にヒツジの絵を描いてと
頼みます。

Le petit prince m'a demandé : « Dessine-moi un mouton. »

Alors j'ai dessiné un mouton.

Il a regardé attentivement, puis :

« Non ! Celui-là est déjà très malade. Fais un autre mouton. »

J'en ai dessiné un autre :

Mon ami a souri. Puis il a dit :

« Ce n'est pas un mouton, c'est un bélier.

Il a des cornes. »

J'ai donc fait encore un dessin. Mais il a été refusé aussi :

« Celui-là est trop vieux. Je veux un mouton
qui vive longtemps. »

J'étais impatient. Je voulais commencer
à réparer mon avion. Alors, j'ai griffonné
ce dessin-là :

Et j'ai dit : « Ça c'est la caisse. Le mouton que tu veux est
dedans. »

104 mots

ヒツジの絵を描いて

　王子さまがぼくに頼んだ。「ヒツジの絵を描いて」

　そこでぼくはヒツジの絵を描いた。

　王子さまは注意深く見て、言った。

　「だめだよ！　これは病気でもうすごく弱ってるよ。もう一匹、別のヒツジを描いて」

　ぼくはもう一匹、別のヒツジを描いた。

　王子さまはほほえんで、そして言った。

　「これはヒツジじゃないよ。雄ヒツジだ。ツノがあるもの」

　ぼくは絵を描きなおした。しかしその絵もだめだった。

　「これは年をとりすぎてるよ。ぼくはヒツジがほしい、長生きする」

　ぼくはがまんできなくなっていた。はじめたかったのだ、飛行機の修理を。そこで、この絵をなぐり描きした。

　そして言った。「これは箱だ。きみの欲しがっているヒツジはこの中にいるよ」

語句解説

- □ a demandé > demander　頼む
- □ a regardé > regarder　見る
- □ attentivement　注意深く
- □ déjà　もう、すでに
- □ malade　病気の
- □ autre　別の
- □ a souri > sourire　ほほえむ
- □ bélier *m.*　雄ヒツジ
- □ corne *f.*　ツノ
- □ a été refusé > refuser　拒否する
- □ vieux　年とった

- □ veux > vouloir　ほしい
- □ vive > vivre　生きる
- □ longtemps　長く
- □ impatient　忍耐のない
- □ commencer à *inf.*　…し始める
- □ ai griffonné > griffonner　ざっと描く
- □ caisse *f.*　箱、ケース
- □ dedans　中に

目標タイム 34.7 秒	rapideを聴く (1回目) 1・2・3・4・5	速音読 1 　秒	速音読 2 　秒	速音読 3 　秒	rapideを聴く (成果の確認) 1・2・3・4・5

Droit devant soi, on ne peut pas aller bien loin...

☆ 箱の中のヒツジは王子さまの気に入りました。
2人は話を続けます。

Je lui ai dit : « Si tu es gentil, je te donnerai aussi une corde pour attacher ton mouton pendant le jour. Et un piquet. »

La proposition a choqué le petit prince :

« L'attacher ? Quelle drôle d'idée !

— Mais si tu ne l'attaches pas, il ira n'importe où. Il peut se perdre. »

Et mon ami a commencé à rire encore une fois :

« Mais où penses-tu qu'il aille !

— N'importe où. Droit devant lui. »

Alors le petit prince a dit gravement :

« Ça ne fait rien. C'est tellement petit, chez moi ! »

Et, d'une voix presque triste, il a dit :

« Droit devant soi, on ne peut pas aller bien loin… »

103 mots

まっすぐ前に行ったって、そんなに遠くへは行けないよ

　ぼくは王子さまに言った。「もしいい子にしていたら、ひももあげるよ、ヒツジをつないでおくための、昼の間に。それから杭（くい）もね」

　この提案は気にさわったようだった、王子さまの。

　「ヒツジをつないでおく？　変なこと考えるね！」

　「でも、つないでおかなくちゃ、どこへだって行ってしまうよ。迷子になるかもしれない」

　すると王子さまはまた声を出して笑いだした。

　「でも、ヒツジがどこへ行くっていうの！」

　「どこへだって。まっすぐ前とか」

　王子さまは言った、まじめな様子で。

　「大丈夫だよ。とても小さいから、ぼくのところ！」

　そしてほとんど悲しげな声で、言った。

　「まっすぐ前に行ったって、そんなに遠くへは行けないよ」

語句解説

- □ gentil　優しい、お利口な
- □ corde f.　ひも
- □ attacher　つなぐ
- □ jour m.　昼間
- □ piquet m.　くい
- □ proposition f.　提案
- □ a choqué > choquer　不愉快にする
- □ quelle ... !　なんて…なんだ！
- □ ira > aller　行く
- □ n'importe où　どこへでも
- □ se perdre　道に迷う

- □ rire　（声をだして）笑う
- □ aille > aller　行く
- □ droit　まっすぐに
- □ gravement　重々しく、まじめに
- □ Ça ne fait rien.　大したことではない、かまわない
- □ tellement　とても
- □ chez ...　…の家に、…では
- □ presque　ほとんど
- □ triste　悲しい

目標タイム　34.3 秒	rapideを聴く（1回目）　1・2・3・4・5	速音読 1　　秒	速音読 2　　秒	速音読 3　　秒	rapideを聴く（成果の確認）　1・2・3・4・5

１セクションごとの最高タイムから、音読のスピードを計算して、グラフに記入しよう。

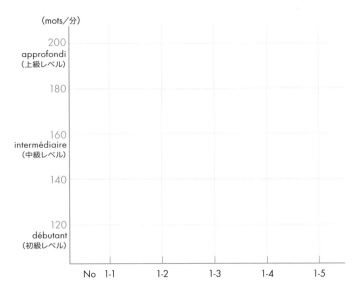

（mots／分）

200
approfondi
（上級レベル）

180

160
intermédiaire
（中級レベル）

140

120
débutant
（初級レベル）

No　1-1　　　1-2　　　1-3　　　1-4　　　1-5

 下記の　　　　　秒に、テキストごとの最高タイムを記入して計算すると、１分あたりのスピードがわかります。

No	1-1	6180	÷	秒	=	mots／分
	1-2	5340	÷	秒	=	mots／分
	1-3	6360	÷	秒	=	mots／分
	1-4	6240	÷	秒	=	mots／分
	1-5	6180	÷	秒	=	mots／分

※数値は、分速の計算用に本文の語数に60を掛けたものです。

 次の文を何度も口に出して覚えましょう。

> C'est fatigant pour les enfants de toujours donner des explications aux grandes personnes.

子どもたちにとって、いつもおとなに説明をしてあげなくてはいけないのは、疲れることだ。

 C'est ... pour *qn* de *inf*.

（人）にとって…するのは…だ。

 つぎに、この文をモデルにして①と②をフランス語で言ってみましょう。カッコの中の単語を参考にしてください。

① フランス語を話すのは、わたしにとっては難しいです。

（ parler français ）

② 朝5時に起きるなんて、彼には無理です。

（ impossible, se lever, cinq heures du matin ）

 ① C'est difficile pour moi de parler français.

② C'est impossible pour lui de se lever à cinq heures du matin.

53

サン＝テグジュペリの生涯

　作者自身による素朴でかわいらしい水彩画の挿絵と、シンプルな言葉で深いメッセージを伝える『星の王子さま』。今でも世界中で愛され続け、『聖書』に次ぐベストセラーともいわれています。日本でも600万部以上が売られています。

　このようなすばらしい作品を生み出したサン＝テグジュペリは、いったいどのような作家だったのでしょうか。ここではまず、作者サン＝テグジュペリの生涯を振り返ってみたいと思います。

　アントワーヌ・ド・サン＝テグジュペリは、1900年、フランス中部の都市、リヨンの貴族の家庭の長男として生まれました。兄弟は姉がふたり、妹と弟がそれぞれひとりずつ。母親は画家であり、その影響からか、後にサン＝テグジュペリも絵を描くことを好むようになります。1904年、4歳のころに父親が病気でなくなっています。

　サン＝テグジュペリの飛行機熱がいつごろから始まったのかは定かではありません。しかし、物心ついたころにはすでに空や飛行機への強い憧れがあったのでしょう、12歳のころ、自宅近くの飛行場で初めて飛行機に乗せてもらうという体験をしています。よっぽど乗ってみたかったのか、母親の許可をもらっていると嘘までついたといいます。

　1917年、17歳になり中等教育を終えると、飛行士になるため海軍兵学校への入学を志します。しかし受験に失敗。一時パリの高等美術学校建築科に在籍します。

1921年からは兵役につき、この時も飛行士を希望しましたがかなわず、地上勤務となりました。この間に自費で飛行機操縦を学び、民間飛行機免許を取得します。

　1926年ラテコエール郵便航空会社入社し、1927年からは黎明期の定期郵便飛行に従事します。同年、サハラ砂漠の中継基地キャップ・ジュビーに飛行場主任として赴任し、以後2年近く砂漠で過ごしました。砂漠に生きたここでの経験も『星の王子さま』誕生のきっかけになったと言われています。

　ここまでの経歴を見てもわかるように、サン＝テグジュペリは飛行機に異常なほどの情熱を燃やした作家でした。作品もほとんどが飛行士としての体験をテーマにしています。代表作の『夜間飛行』や『人間の土地』を読んでみると、飛行士としての自らの使命に突き動かされている人間の力強さや美しさを感じ取ることができます。ときにその使命感は善悪の判断さえ超越しているかのような様相を帯びますが、大変にヒロイックで感動的な作品ばかりです。

　『星の王子さま』は一見これらの作品とは系譜が異なるように見えますが、飛行士が主人公であることや不時着、砂漠、といったほかの作品にも共通するモチーフが登場していることから、ある程度は作家自身の体験がここでも生かされているのだろうと推測できます。常に自らの体験を作品にして世に問うてきたサン＝テグジュペリの作品である以上、『星の王子さま』を読む上でも、作家の生涯や境遇を知ることは重要なのです。

　1929年、サン＝テグジュペリはフランスに帰国し、『南方郵便機』を出版しました。また、ブエノス・アイレスに派遣され、南アメリカにおける郵便航路開発に携わります。今では信じられないこ

とですが、サン＝テグジュペリの時代は、郵便航路はまだ未開拓の分野でした。ライト兄弟がアメリカで有人飛行に初めて成功したのが1903年のことですから、1920年代であれば、たしかに飛行機は技術的にはまだまだ発展途上であったでしょう。そのため、郵便航路の開拓は当時の一大事業でした。

1931年、ふたたびフランスに帰国。ブエノス＝アイレス時代に知り合ったアルゼンチン出身の女性コンスエロ・スンシンと結婚します。この年『夜間飛行』を刊行し、非常に高い評価を得ます。

1935年、ジャーナリストであり、作家であるレオン・ヴェルトと知り合い、友情をはぐくみます。ヴェルトはサン＝テグジュペリの22歳も年上で、幼少時に父親をなくしたサン＝テグジュペリにとっては、父でもあり兄でもあるような特別な友人であったことでしょう。『星の王子さま』の作品冒頭の献辞は、実はこの友人へ捧げられたものです（詳しくはコラム「レオン・ヴェルトへの献辞」をご参照ください）。この年、リビア砂漠で飛行機の墜落事故を経験。機体は大破したものの、九死に一生を得ました。

1939年、リビア砂漠での遭難のエピソードを含む『人間の土地』を刊行します。この年、大戦が勃発すると、サン＝テグジュペリは招集され、偵察飛行の任務につきます。1940年末にヨーロッパの戦火を逃れてアメリカに亡命。1942年、偵察飛行の経験が描かれた『戦う操縦士』を刊行します。

1943年には亡命の地、アメリカで『星の王子さま』を刊行。その後、アメリカから北アフリカのアルジェへ移り、ふたたび戦線へつくことになります。このとき、サン＝テグジュペリは43歳。飛行士になるための年齢制限を過ぎていました。しかし、特例により

勤務につきます。そして、1943年7月31日、コルシカ島の基地を出て、偵察飛行に向かったまま消息を絶ちました。

　2003年に地中海のマルセイユ沖で、サン＝テグジュペリが搭乗していたとされる機体が発見され、本人のものと特定されました。ただし、遺体はなく、墜落の原因も特定されていないままだといいます。

　飛行士としての使命に向き合うことで自らの文学を作り上げて行ったサン＝テグジュペリの生涯は、やむことのない空への憧れに貫かれているかのようです。偵察に出たまま戻らないというあまりにもできすぎた最後はこの作家にふさわしく、サン＝テグジュペリという作家とその作品をますます神々しいものにしているように思えます。

第 2 章

王子さまとバラ

王子さまは
「ぼく」に自分の星に咲いた
美しいバラの話をします。
けれどもそのバラはいじわるで、
王子さまは星を離れました。
そしてさまざまな星を
めぐり、いろいろな人に
出会ったのでした。

Si quelqu'un aime une fleur qui n'existe qu'à un exemplaire dans les millions et les millions d'étoiles, ça suffit pour qu'il soit heureux quand il les regarde.

☆ 「ぼく」が飛行機を修理していると、
王子さまがしつこく話しかけてきます。
ヒツジが花を食べるかをどうか知りたいのです。
でも、「ぼく」はそんなことにかまっていられません。すると……

rapide piste 11
piste 12 lent

Le petit prince a dit : « Si quelqu'un aime une fleur qui n'existe qu'à un exemplaire dans les millions et les millions d'étoiles, ça suffit pour qu'il soit heureux quand il les regarde. Il se dit : "Ma fleur est là quelque part…" Mais si le mouton mange la fleur, c'est pour lui comme si, brusquement, toutes les étoiles s'éteignaient ! Et ce n'est pas important ça !? »

Il ne pouvait rien dire de plus. Il a éclaté brusquement en sanglots. La nuit était tombée. J'avais arrêté mon travail. Je me moquais bien de mon avion, de ma faim et de ma mort.

99 mots

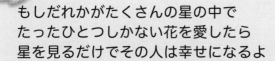

もしだれかがたくさんの星の中で
たったひとつしかない花を愛したら
星を見るだけでその人は幸せになるよ

　王子さまは言った。「もしだれかが花を愛したら、いくつもの星の中でたった
ひとつしかない花を、十分だ、その人が幸せになるのに、星を見るだけで。そ
の人は思うんだ。『ぼくの花がこのどこかにいる……』でも、もし、ヒツジが花
を食べたら、それはその人にとって、まるで突然すべての星が消えてしまうよ
うなものだ。これが大事じゃないっていうの？」

　王子さまはそれ以上何も言えなかった。突然泣きだした。夜になっていた。
ぼくは仕事の手を止めていた。どうでもよくなっていたのだ、飛行機も、飢え
も、死も。

語句解説

□ **quelqu'un** だれか

□ **exemplaire** *m.* 同種のもの

□ **million** *m.* 100万

□ **soit** > **être** …である

□ **se dit** > **se dire** 思う

□ **quelque part** どこかに

□ **brusquement** 突然

□ **s'éteignaient** > **s'éteindre** 消える

□ **a éclaté en sanglots** > **éclater en sanglots** 泣き崩れる

□ **était tombée** > **tomber** （日が）暮れる

□ **travail** *m.* 仕事

□ **me moquais de** > **se moquer de …** …がどうでもいい

□ **faim** *f.* 飢え

□ **mort** *f.* 死

目標タイム 33 秒	rapideを聴く（1回目）1・2・3・4・5	速音読 1 秒	速音読 2 秒	速音読 3 秒	rapideを聴く（成果の確認）1・2・3・4・5

Que vous êtes belle !

☆ ある日、王子さまの星に見たこともない
美しいバラの花が咲きました。
王子さまがその花との生活を語ります。

Le petit prince ne pouvait pas contenir son admiration. Il avait dit :

« Que vous êtes belle !

— N'est-ce pas, la fleur avait doucement dit. Et je suis née en même temps que le soleil… »

Le petit prince avait bien deviné qu'elle n'était pas trop modeste. Mais elle était si jolie et délicate !

« C'est l'heure, je crois, du petit déjeuner, avait-elle bientôt ajouté. Auriez-vous la bonté de penser à moi… »

Et le petit prince, tout confus, avait cherché un arrosoir d'eau fraîche pour servir la fleur.

Ainsi la fleur avait bien vite tourmenté le petit prince par sa vanité.

97 mots

なんてあなたはきれいなんだ！

王子さまは抑えることができなかった、感嘆の気持ちを。そして言った。

「なんてあなたはきれいなんだ！」

「そうでしょ」花は静かに答えた。「同じときに生まれたの、日が昇るのと……」

王子さまは思った。この花はあまり謙虚じゃなさそうだ。しかしとても美しくて、繊細だった！

「朝ごはんの時間だと思うんだけど」と間もなく花は言った。「わたしのことも考えてくださっているの……」

王子さまは恐縮して、取りに行った、新鮮な水の入ったじょうろを、花に水をやるために。

こうして花はすぐに苦しめるようになった、王子さまを、うぬぼれのせいで。

語句解説

- □ contenir （感情を）抑える
- □ admiration *f.* 感嘆、称賛
- □ que ... ! なんて…なんだ！
- □ n'est-ce pas でしょ
- □ doucement しずかに、そっと
- □ suis née > naître 生まれる
- □ en même temps que ... …と同時に
- □ avait deviné > deviner 推測する
- □ modeste 謙虚な
- □ joli 美しい
- □ délicat 繊細な
- □ petit déjeuner *m.* 朝食
- □ avait ajouté > ajouter 付け加える

- □ Auriez-vous la bonté de *inf.*
  …してくださいませんか
- □ penser à ... …のことを考える
- □ confus 恐縮して、困惑して
- □ avait cherché > chercher
  探しに行く
- □ arrosoir *m.* じょうろ
- □ fraîche > frais 新鮮な
- □ servir *qn* （人）に食事を出す
- □ vite すぐに
- □ avait tourmenté > tourmenter
  苦しめる
- □ vanité *f.* うぬぼれ

目標タイム	rapideを聴く (1回目)	速音読 1	速音読 2	速音読 3	rapideを聴く (成果の確認)
32.3 秒	1・2・3・4・5	秒	秒	秒	1・2・3・4・5

La fleur avait toussé deux ou trois fois.

☆ バラはわがままを言って王子さまを苦しめます。

La rose a dit : « Le soir vous me mettrez sous un globe. Il fait très froid chez vous. C'est mal installé. Là d'où je viens… »

Mais elle s'était interrompue. Elle était venue sous forme de graine. Elle n'avait rien pu connaître des autres mondes. Humiliée de s'être laissé surprendre à préparer un mensonge aussi naïf, la fleur avait toussé deux ou trois fois :

« Avez-vous un paravent ?

— J'allais le chercher, mais vous me parliez ! »

Alors elle avait toussé encore une fois pour lui infliger des remords.

Ainsi le petit prince, malgré son amour, avait vite douté d'elle. Il avait cru des mots sans importance, et était devenu très malheureux.

108 mots

花は２、３回咳をした

　バラは言った。「夜は覆いをかけてくださいね。あなたのところはとても寒いから。設備がよくないのね。わたしが前にいたところは……」

　しかし、バラは話をやめた。バラは種の姿で来たのだ。何も知りようがなかった、ほかの世界のことなど。恥ずかしい思いをして、こんなにも下手な嘘をつこうとしていたところを見つかって、花は２、３回咳をした。

　「ついたては？」

　「とりに行くところだったけど、あなたが話していたから！」

　そこでバラはもう１度咳をした。王子さまが申し訳なく思うように。

　こうして王子さまは、花を愛していたのにもかかわらず、花を信じられなくなった。とるにたらない言葉を真に受けて、とても不幸になってしまった。

語句解説

- □ rose *f.* バラ
- □ mettrez > mettre 置く
- □ globe *m.* ガラス製の覆い
- □ Il fait froid. 寒い
- □ mal installé 設備が悪い
- □ s'était interrompue > s'interrompre 話をやめる
- □ sous forme de ... …の形で
- □ humilié 恥ずかしい思いをする
- □ s'être laissé *inf.* > se laisser *inf.* …される
- □ surprendre *qn* à *inf.* （人）が…しているところを見つける
- □ préparer 準備する
- □ mensonge *m.* 嘘
- □ naïf 素朴な
- □ avait toussé > tousser 咳をする
- □ paravent *m.* ついたて
- □ infliger *qc* à *qn* （人）に…を与える
- □ remords *m.* 後悔、良心の呵責
- □ malgré ... …にもかかわらず
- □ avait douté de > douter de ... …を疑う
- □ sans importance 重要でない
- □ était devenu > devenir ... …になる

目標タイム	rapideを聴く（1回目）	速音読 1	速音読 2	速音読 3	rapideを聴く（成果の確認）
36 秒	1・2・3・4・5	秒	秒	秒	1・2・3・4・5

Je n'aurais pas dû écouter la fleur.

☆ 王子さまは今ならどういうふうに
バラに接するべきだったかわかると言います。

« Je n'aurais pas dû écouter la fleur, m'a dit un jour le petit prince. Il ne faut jamais écouter les fleurs. Il faut les regarder et les respirer. Ma fleur embaumait ma planète, mais je ne savais pas m'en réjouir. J'aurais été plus tendre avec elle… »

Il m'a dit encore :

« Je n'ai alors rien su comprendre ! J'aurais dû la juger sur les actes et non sur les mots. Elle rendait le monde plus beau pour moi. Je n'aurais jamais dû m'enfuir ! J'aurais dû deviner sa douceur derrière ses pauvres jeux. Les fleurs sont si difficiles ! Mais j'étais trop jeune pour savoir l'aimer. »

102 mots

花の話なんて、聞いちゃいけなかったんだ

「聞いちゃいけなかったんだ、花の話なんて」ある日王子さまは言った。「花の話なんて決して聞いちゃいけないんだ。花はながめて、匂いをかぐべきなんだ。ぼくの花はいい香りで満たしてくれた、ぼくの星を。でも、ぼくはできなかった、それを楽しむことが。もっと花に優しくするべきだった……」

王子さまはさらにぼくに言った。

「ぼくはあのころ何もわかっていなかった！ 判断すべきだったんだ、花がしてくれることで、言葉ではなくて。花は世界をより美しいものにしてくれた、ぼくにとって。決して、逃げたりしちゃいけなかったんだ！ 優しさを見抜くべきだったんだ、つまらない駆け引きの裏にある。花ってとても難しいよ！ でも、ぼくは子どもすぎたんだ、花を愛するには」

語句解説

- □ **n'aurais pas dû** *inf.*
  …すべきではなかった（のにしてしまった）> **devoir**
- □ **écouter** 話を聞く
- □ **respirer** 匂いをかぐ
- □ **embaumait** > **embaumer**
  香りで満たす
- □ **savais** *inf.* > **savoir** *inf.* …できる
- □ **m'en réjouir** > **se réjouir de ...**
  …を楽しむ
- □ **tendre avec ...** …に優しくする
- □ **juger** 判断する
- □ **acte** *m.* 行為

- □ **mot** *m.* 言葉
- □ **rendait** *A B* > **rendre** *A B*
  AをBにする
- □ **m'enfuir** > **s'enfuir** 逃げる
- □ **douceur** *f.* 優しさ
- □ **derrière ...** …の後ろの
- □ **pauvre** 取るに足らない、つまらない
- □ **jeux** *m.* ふるまい、駆け引き
- □ **difficile** 難しい
- □ **trop ... pour** *inf.* …するには…すぎる
- □ **jeune** 若い

目標タイム **34** 秒	rapideを聴く （1回目） 1・2・3・4・5	速音読 1 秒	速音読 2 秒	速音読 3 秒	rapideを聴く （成果の確認） 1・2・3・4・5

J'ai été sotte.

☆ 苦しんだ王子さまは旅立つことを決意します。
そこで、バラに別れを言いに行きました。

« J'ai été sotte, a enfin dit la rose au petit prince. Je te demande pardon. Tâche d'être heureux. »

Le petit prince était surpris par l'absence de reproches. Il restait là tout déconcerté. Il ne savait quoi faire. Il ne comprenait pas cette douceur calme.

« Mais oui, je t'aime, lui a dit la fleur. Tu n'en a rien su, par ma faute. Cela n'a aucune importance maintenant. Mais tu as été aussi sot que moi. Tâche d'être heureux… […] Ne traîne pas comme ça. Tu as décidé de partir. Va-t'en. »

Elle n'aimait pas qu'il la vît pleurer. C'était une fleur tellement orgueilleuse…

100 mots

わたし、ばかだった

「わたし、ばかだった」とうとうバラは王子さまに言った。「ごめんなさい。幸せになってね」

王子さまは驚いた、責められなかったから。すっかり困惑していた。どうしたらいいか、わからなかった。わからなかったのだ、どうして花がおだやかで優しいのか。

「そう、愛してる」バラは王子さまに言った。「あなたは全然知らないでしょうけど、わたしのせいで。そんなこと今はどうでもいいことね。でも、あなただってわたしと同じくらいばかだった。幸せになってね……〔…〕ぐずぐずしないでよ、そんなふうに。決めたんでしょ、行ってしまうって。行きなさいよ」

バラは王子さまに見られたくかなったのだ、泣くところを。それほど、プライドの高いバラだったんだ。

語句解説

- □ **sotte > sot** ばかな
- □ **enfin** とうとう
- □ **tâche de** *inf.* > **tâcher de** *inf.* …するよう努める
- □ **surpris** 驚いた
- □ **absence de ...** *f.* …がないこと
- □ **reproche** *m.* 非難
- □ **restait > rester** …のままでいる
- □ **déconcerté** 当惑した
- □ **calme** 静かな、おだやかな
- □ **faute** *f.* 落ち度
- □ **importance** *f.* 重要性
- □ **aussi** *A* **que** *B* Bと同じくらいA
- □ **traîne > traîner** ぐずぐずする
- □ **partir** 出発する
- □ **va-t'en > s'en aller** 立ち去る
- □ **a vît > voir** 見る
- □ **pleurer** 泣く
- □ **orgueilleux** 傲慢な、気位の高い

目標タイム	rapideを聴く（1回目）	速音読 1	速音読 2	速音読 3	rapideを聴く（成果の確認）
33.3 秒	1·2·3·4·5	秒	秒	秒	1·2·3·4·5

1セクションごとの最高タイムから、音読のスピードを計算して、グラフに記入しよう。

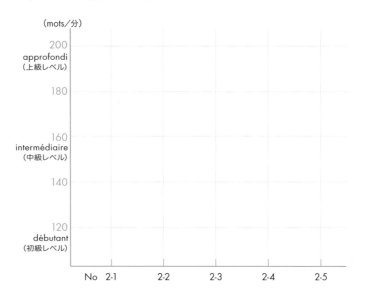

 下記の ___ 秒に、テキストごとの最高タイムを記入して計算すると、1分あたりのスピードがわかります。

No						
No 2-1	5940	÷		秒	=	mots／分
2-2	5820	÷		秒	=	mots／分
2-3	6480	÷		秒	=	mots／分
2-4	6120	÷		秒	=	mots／分
2-5	6000	÷		秒	=	mots／分

※数値は、分速の計算用に本文の語数に60を掛けたものです。

次の文を何度も口に出して覚えましょう。

Je n'aurais pas dû écouter la fleur.

花の話なんて聞いちゃいけなかったんだ。

 Je n'aurais pas dû *inf.*

…すべきではなかった（のに、してしまった）。

J'aurais dû *inf.*

…すべきだった（のに、しなかった）。

 つぎに、この文をモデルにして①と②をフランス語で言ってみましょう。カッコの中の単語を参考にしてください。

① 夜中の３時までなんて、起きてるんじゃなかった。

(être debout, trois heures du matin)

② もっと早く準備を始めればよかった。

(commencer, la préparation, plus tôt)

 ① Je n'aurais pas dû être debout jusqu'à trois heures du matin.

② J'aurais dû commencer la préparation plus tôt.

作品成立の経緯

　ここでは、『星の王子さま』の成立過程を知るために、作品が発表されたころのサン＝テグジュペリの状況を簡単にみておきたいと思います。

　『星の王子さま』が最初に出版されたのは、実はフランスではなくアメリカでした。1943年4月のことです。当時は第二次世界大戦の真っただ中。サン＝テグジュペリはアメリカに亡命中でした。大戦中にヨーロッパでの戦火を逃れてアメリカに亡命していたフランス人の作家・芸術家は決して少なくありません。たとえば、シュルレアリスムの作家アンドレ・ブルトンや映画監督のジャン・ルノワール、ユダヤ系フランス人の文化人類学者レヴィ＝ストロースもアメリカに亡命をしています。彼ら同様、サン＝テグジュペリもフランスを離れていたのです。

　アメリカでは、サン＝テグジュペリの作品は『夜間飛行』と『人間の土地』が戦前すでに翻訳出版されており、とくに『人間の土地』は1939年に全米図書賞を受賞するなど、名声を博していました。そこで、アメリカの出版社が、クリスマスのための子どもの本を書いてほしいと作家に依頼したのが、『星の王子さま』誕生のきっかけです。英語版とフランス語版の同時出版でした。

　作品の出版直後から、この本は実はおとなに向けて書かれたものではないのかという議論が起こりました。たとえば1943年4月11日のニューヨークタイムズの書評欄には「『星の王子さま』は子どものためのありきたりなお話を装った、おとなのための寓話だ」という批評が載っています。現在、わたしたちが作品を読むときの直感も、これに近いのではないでしょうか。

登場人物のモデル

　サン゠テグジュペリはどこから「王子さまとパイロットとの出会い」という物語の着想を得たのでしょうか。

　まず、すぐに思い浮かぶのは、サン゠テグジュペリ自身が飛行士であり、砂漠に不時着した経験があったということです。飛行士としての経験は、ほかの作品の題材にもなっていますから、飛行士という登場人物については、かなりの部分、自分自身の体験から着想を得たということができるのではないでしょうか。

　そうすると、王子さまの着想はどこから来たのでしょう？　これについては、友人たちの回想や、伝記のなかでさまざまに語られています。たとえば、サン゠テグジュペリは『アンデルセン童話』をいつも持ち歩いていて、そこから童話を書くというアイディアが生まれたというエピソードや、小さな子どもの絵を原稿や手紙の余白によく描いていて、それを見た人が、今度はその子どもを主人公に本を書いたらどうかとすすめた、などのエピソードがあります。しかし、はっきりとした結論を出すのは、難しいかもしれません。

　このほかに、登場人物のモデルとしては、サハラ砂漠の飛行場に赴任していた2年近くの間、サン゠テグジュペリが耳の長いキツネを飼っていたということが知られており、これが本編のキツネのモデルかもしれません。また、バラとの関係にサン゠テグジュペリの女性関係を読みとろうとする見方や、本書では取り上げませんでしたが、星の勘定に血道を上げるビジネスマンのイラストがサン゠テグジュペリが一時期務めていた会社の上司に似ているという説もあります。

　作品のモデルを想像してみるのもまた、読書の楽しみの幅を広げてくれるのではないでしょうか。

第 3 章

王子さまとキツネ

星めぐりのあとに、
地球に着いた王子さま。
地球ではキツネに出会い、
大切なものとは
どういうものかを
教えてもらいます。

Qu'est-ce que signifie "apprivoiser" ?

☆ 地球に着いた王子さまは、キツネに出会いました。
「飼いならされてないから一緒に遊べないよ」
と言うキツネに王子さまはたずねます。

« Qu'est-ce que signifie "apprivoiser" ? a demandé le petit prince.

— C'est une chose trop oubliée, a dit le renard. Ça signifie "créer des liens…" Tu n'es encore pour moi qu'un petit garçon tout semblable à cent mille petits garçons. Je n'ai pas besoin de toi. Et tu n'as pas besoin de moi non plus. Je ne suis pour toi qu'un renard semblable à cent mille renards. Mais, si tu m'apprivoises, nous aurons besoin l'un de l'autre. Tu seras pour moi unique au monde. Et je serai pour toi unique au monde…

— Je commence à comprendre, a dit le petit prince. »

99 mots

76

「飼いならす」ってどういう意味？

「『飼いならす』ってどういう意味？」王子さまは聞いた。

「それはずいぶん忘れられていることだ」キツネは言った。「それは、『絆をつくる』という意味だよ。きみはまだぼくにとってただの男の子だ、ほかの10万の小さな男の子たちとそっくりの。ぼくはきみのことが必要じゃない。きみもぼくのことが必要じゃない。ぼくはきみにとって、ただのキツネだ、ほかの10万のキツネにそっくりな。でも、もしきみがぼくを飼いならしたら、ぼくたちは必要になる、お互いが。きみはぼくにとって世界でただひとりの人になる。そしてぼくはきみにとって世界で唯一の特別な存在になる……」

「ぼく、わかってきたよ」と王子さまは言った。

語句解説

- □ **apprivoiser** 飼いならす
- □ **oublié** 忘れられた
- □ **renard** *m.* キツネ
- □ **créer** 作る
- □ **lien** *m.* 絆
- □ **semblable à …** …に似ている
- □ **cent mille** 10万の
- □ **garçon** *m.* 男の子

- □ **ai besoin de > avoir besoin de …** …が必要である
- □ **l'un de l'autre** お互いに
- □ **unique** 唯一の
- □ **commence à** *inf.* **> commencer à** *inf.* …し始める
- □ **comprendre** 理解する

目標タイム 33 秒	rapideを聴く （1回目） 1・2・3・4・5	速音読 1 秒	速音読 2 秒	速音読 3 秒	rapideを聴く （成果の確認） 1・2・3・4・5

Rien n'est parfait.

☆ 王子さまとキツネは話を続けます。

« Il y a une fleur… je crois qu'elle m'a apprivoisé…, a dit le petit prince.

— C'est possible, a répondu le renard. On voit sur la Terre toutes sortes de choses…

— Oh ! Ce n'est pas sur la Terre », a dit le petit prince.

Le renard était très intéressé. Il a demandé : « Sur une autre planète ?

— Oui.

— Il y a des chasseurs sur cette planète-là ?

— Non.

— Ça, c'est intéressant ! Il y a des poules ?

— Non.

— Rien n'est parfait », a dit le renard.

80 mots

完璧なものなんてないね

「花がいてね……ぼくは思うんだ、その花がぼくを飼いならしたと……」王子さまは言った。

「ありえるね」とキツネは答えた。「地球では見るもの、ありとあらゆることを……」

「ああ！　地球の話じゃないよ」王子さまは言った。

キツネはとても興味を持った。そして聞いた。「他の星のできごとかい？」

「そうだよ」

「猟師はいるの、その星には？」

「いないよ」

「おもしろい！　ニワトリはいるのかい？」

「いないよ」

「完璧なものなんてないね」とキツネは言った。

語句解説

- □ crois que > croire que ...　…と思う
- □ possible　ありえる
- □ toutes sortes de ...　あらゆる種類の…
- □ chose f.　もの
- □ intéressé　興味をそそられた
- □ chasseur m.　猟師
- □ intéressant　興味深い、おもしろい
- □ poule f.　ニワトリ、めんどり
- □ ne ... rien　何も…ない
- □ parfait　完璧な

目標タイム	rapideを聴く (1回目)	速音読 1	速音読 2	速音読 3	rapideを聴く (成果の確認)
26.7 秒	1・2・3・4・5	秒	秒	秒	1・2・3・4・5

Apprivoise-moi !

☆ キツネは小麦畑を指して、「ぼくはパンを食べない、だから小麦に用はない」といいました。

« Les champs de blé ne me rappellent rien. Et ça, c'est triste ! Mais tes cheveux sont dorés. Alors ce sera merveilleux quand tu m'auras apprivoisé ! Le blé, qui est doré, me fera souvenir de toi. Et j'aimerai le bruit du vent dans le blé… »

Le renard s'est tu. Il a longtemps regardé le petit prince.

« S'il te plaît… apprivoise-moi ! a-t-il dit.

— Je veux bien, a répondu le petit prince. Mais je n'ai pas beaucoup de temps. J'ai des amis à découvrir et beaucoup de choses à connaître. »

87 mots

ぼくを飼いならして！

「小麦畑を見ても、ぼくは何も思い出さない。それって、悲しいよ！　でも、きみの髪の毛は金色だ。だから、すばらしいよ、きみがぼくを飼いならしたときには！　小麦は、金色だから、ぼくにきみのことを思い出させるよ。そしてぼくは、好きになるだろうな、風の音を、麦の中をわたる……」

キツネは黙った。長いこと王子さまを見ていた。

「お願いだよ……ぼくを飼いならして！」とキツネは言った。

「いいよ」と王子さまは返事をした。「でも、ぼくはそんなに時間がないんだ。友達を見つけなきゃいけないし、知らなきゃいけないことがたくさんあるし……」

語句解説

- □ **rappellent** > **rappeler** 思い出させる
- □ **triste** 悲しい
- □ **cheveux** *m. pl.* 髪の毛
- □ **doré** 金色の
- □ **merveilleux** すばらしい
- □ **me fera souvenir de** > **faire souvenir de ... à qn** (人)に…を思い出させる
- □ **vent** *m.* 風
- □ **s'est tu** > **se taire** 黙る
- □ **longtemps** 長い間
- □ **temps** *m.* 時間
- □ **ami** *m.* 友達
- □ **... à** *inf.* …すべき…
- □ **découvrir** 発見する
- □ **beaucoup de ...** たくさんの…

目標タイム	rapideを聴く (1回目)	速音読 1	速音読 2	速音読 3	rapideを聴く (成果の確認)
29 秒	1・2・3・4・5	秒	秒	秒	1・2・3・4・5

Les hommes n'ont plus le temps de rien connaître.

☆ 「知らなきゃいけないことがたくさんあるし……」
と言う王子さまに、キツネは次のように言います。

« On ne connaît que les choses que l'on apprivoise, a dit le renard. Les hommes n'ont plus le temps de rien connaître. Ils achètent des choses toutes faites chez les marchands. Mais comme il n'existe point de marchands d'amis, les hommes n'ont plus d'amis. Si tu veux un ami, apprivoise-moi !

— Que faut-il faire ? a demandé le petit prince.

— Il faut être très patient, a répondu le renard. Tu t'assoiras d'abord un peu loin de moi, comme ça, dans l'herbe. Je te regarderai du coin de l'œil. Tu ne diras rien. Le langage est source de malentendus. Mais, chaque jour, tu pourras t'asseoir un peu plus près… »

106 mots

人間たちはもう時間がなくて、何も知ることができないんだ

「知ることはできないよ、飼いならしたもののことしか」キツネは言った。「人間たちはもう時間がなくて、何も知ることができないんだ。人間はすっかり出来上がったものを店で買う。でも、友達を売る店はないから、人間にはもう友達がいないんだ。もし友達がほしいなら、ぼくを飼いならしてよ」

「何をすればいいの」王子さまは聞いた。

「とても辛抱強くなくちゃいけないよ」とキツネは答えた。「きみは座るんだ、まず、少しぼくから離れたところへ、そんなふうに、草の中に。ぼくはきみを横目で見る。きみは何も言わない。言葉は誤解のもとだからね。でも、毎日、きみは座るんだ、少しずつ近くに……」

語句解説

- □ achètent ＞ acheter　買う
- □ toutes faites ＞ tout fait　すっかり準備できた
- □ chez ...　…のところで
- □ marchand m.　商人
- □ il existe ...　…が存在する
- □ ne ... point　少しも…ない
- □ patient　辛抱強い
- □ t'assoiras ＞ s'asseoir　座る
- □ loin de ...　…から離れて
- □ herbe f.　草
- □ du coin de l'œil　横目で
- □ langage m.　言葉
- □ source f.　みなもと
- □ malentendu m.　誤解
- □ chaque ...　毎…
- □ près　近くに

目標タイム 35.3 秒	rapideを聴く (1回目) 1・2・3・4・5	速音読 1 秒	速音読 2 秒	速音読 3 秒	rapideを聴く (成果の確認) 1・2・3・4・5

Si tu viens à quatre heures de l'après-midi, dès trois heures je commencerai d'être heureux.

☆ 翌日も王子さまはキツネのところに来ました。
でも、キツネは待ちくたびれていたようです。

« Tu dois revenir à la même heure chaque jour, lui a dit le renard. Si tu viens à quatre heures de l'après-midi, dès trois heures je commencerai d'être heureux. Plus l'heure avancera, plus je me sentirai heureux. À quatre heures, déjà, je m'agiterai et m'inquiéterai. Je découvrirai le prix du bonheur ! Mais si tu viens n'importe quand, je ne saurai jamais à quelle heure m'habiller le cœur… il faut des rites.

— Qu'est-ce qu'un rite ? a demandé le petit prince.

— C'est aussi quelque chose de trop oublié, a dit le renard. C'est ce qui fait qu'un jour est différent des autres jours, une heure, des autres heures. »

106 mots

きみが午後4時にくるなら、3時からぼくは嬉しくなるよ

「戻ってこなくちゃ、毎日同じ時間に」キツネは王子さまに言った。「きみが午後4時に来るなら、3時からぼくは嬉しくなるよ。時間が近づくほど、ぼくは幸せに感じるだろう。4時にはもう、落ち着かなくなって、心配するよ。幸せの代償を知るんだ！　でも、もしきみがいつでも好きなときに来たら、ぼくはぜんぜんわからないよ、何時に心の準備をしたらいいか。ならわしがいるんだよ」

「ならわしって何？」王子さまは聞いた。

「これも、ずいぶん忘れられていることだ」とキツネは言った。「それはある日がほかの日と違ったようにすることだ、そしてある時間をほかの時間と」

語句解説

- □ revenir 再び来る
- □ après-midi *m./f.* 午後
- □ dès ... …からすぐに
- □ avancera > avancer 進む
- □ plus ... plus ...
  …すればするほど、ますます…
- □ me sentirai > se sentir ...
  …と感じる
- □ m'agiterai > s'agier 落ち着かない
- □ m'inquiéterai > s'inquiéter
  心配する
- □ prix *m.* 値段、代償
- □ bonheur *m.* 幸せ
- □ n'importe quand いつでも
- □ habiller 服を着せる
- □ cœur *m.* 心
- □ rite *m.* ならわし
- □ fait que > faire que + 直説法
  …を引き起こす

目標タイム	rapideを聴く (1回目)	速音読 1	速音読 2	速音読 3	rapideを聴く (成果の確認)
35.3 秒	1・2・3・4・5	秒	秒	秒	1・2・3・4・5

自己最速を更新しよう！

Battez votre propre record !

 1セクションごとの最高タイムから、音読のスピードを計算して、グラフに記入しよう。

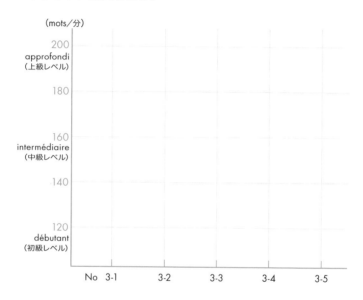

（mots／分）

200
approfondi
（上級レベル）

180

160
intermédiaire
（中級レベル）

140

120
débutant
（初級レベル）

No 3-1   3-2   3-3   3-4   3-5

 下記の   秒に、テキストごとの最高タイムを記入して計算すると、1分あたりのスピードがわかります。

No 3-1	5940	÷	秒	=	mots／分
3-2	4800	÷	秒	=	mots／分
3-3	5220	÷	秒	=	mots／分
3-4	6360	÷	秒	=	mots／分
3-5	6360	÷	秒	=	mots／分

※数値は、分速の計算用に本文の語数に60を掛けたものです。

次の文を何度も口に出して覚えましょう。

> — Qu'est-ce que signifie "apprivoiser" ?
> — C'est une chose trop oubliée. Ça signifie "créer des liens…"

「『飼いならす』ってどういう意味？」
「それはずいぶん忘れられていることだ。『絆を作る』という意味だよ」

 Qu'est-ce que signifie … ?

…はどういう意味ですか？

ça signifie …

それは…という意味です。

 つぎに、この文をモデルにして①と②をフランス語で言ってみましょう。カッコの中の単語を参考にしてください。

① 「ごちそうさま」ってどういう意味ですか？

(Gochisousama)

② 食事のあとに言う決まり文句です。「食事をありがとう」という意味です。

(une formule, après le repas, merci pour)

 ① Qu'est-ce que signifie "Gochisousama" ?

② C'est une formule que l'on dit après le repas.
Ça signifie "merci pour le repas".

レオン・ヴェルトへの献辞

　本書では取り上げませんでしたが、『星の王子さま』の冒頭には、「レオン・ヴェルトへ捧ぐ」という献辞がおかれています。どんなことが書いてあるのか、詳しくみてみましょう。

　サン＝テグジュペリはこの献辞の中でまず「この本をあるおとなに捧げたこと」を許してほしいと子どもたちにあやまります。というのも、その人は「世界で1番の親友で」「子どもの本であっても、なんでも理解することのできる人で」、しかも「その人は今フランスに住み、飢えて寒い思いをし」、「なぐさめを必要としているから」だと言います。これでも、まだ十分でないなら、と言って、サン＝テグジュペリは次のように続けます。

　　もしこれらの理由が十分でないと言うなら、この本を子どもだったころのその人に捧げたい。おとなもみな、むかしは子どもだったのだから（そのことを覚えている人は少ないけれど）。だから、ぼくは献辞をこう変えよう、子どもだったころのレオン・ヴェルトへ、と。

　では、この献辞が捧げられたレオン・ヴェルトは、サン＝テグジュペリにとってどういう人物だったのでしょうか。

　レオン・ヴェルトは1878年生まれのユダヤ系フランス人で、ジャーナリスト、作家、美術批評家でした。美術批評としては『ピュヴィ・ド・シャヴァンヌ』などの作品を書いています。余談になりますが、わたしは美術史を勉強していたため、まったくの偶然から

この本を読んだことがありますが、それほど印象に残る作品ではありませんでした。

　サン＝テグジュペリは1900年生まれですので、この友人は22歳も年上だったことになります。4歳のときに父親を亡くしたサン＝テグジュペリにとっては父のようでもあり、兄のようでもあった年上の頼れる友人だったのかもしれません。サン＝テグジュペリはヴェルトの小説をアメリカの出版社に売り込もうと尽力するなど、作品にも惚れ込んでいたようです。

　さて、ヴェルトはユダヤ系でありながら、戦時中もフランス国内にとどまり、ナチスから逃れるために田舎に身を隠していました。ご存じのとおり、1940年のドイツのフランス侵攻により、フランス北部はドイツ軍に占領され、政府は中部の都市ヴィシーに首都を移し、対独協力を行います。フランスの暗い歴史です。ですから、ユダヤ系である場合、たとえフランス人であっても国内にとどまるのは危険なことだったのです。

　しかし、ヴェルトは幸いにも戦争を生き延び、戦後サン＝テグジュペリとの思い出を本にまとめています（この本は『僕の知っていたサン＝テグジュペリ』という題で邦訳も出ています）。ですが、戦時中は献辞にもあるように、フランスで寒い思いをし、飢えに苦しんでいたことが想像されます。このような厳しい境遇のヴェルトに捧げて書かれたのが『星の王子さま』なのです。

第4章

別れ

王子さまが
星に帰るときが
やってきました。
「ぼく」と王子さまは
一緒に水を探しに出かけます。
王子さまは「ぼく」に
ある贈り物を
くれるのでした。

Ce qui embellit le désert, c'est qu'il cache un puits quelque part.

☆ 王子さまと「ぼく」は砂漠で水を探しに行きました。

« Les étoiles sont belles, à cause d'une fleur que l'on ne voit pas…, a dit le petit prince.

— Bien sûr », ai-je dit. Et je regardais, sans parler, le sable sous la lune.

« Le désert est beau », a dit le petit prince.

Et c'était vrai. J'ai toujours aimé le désert. On s'assoit sur une dune de sable. On ne voit rien. On n'entend rien. Et cependant quelque chose rayonne en silence…

« Ce qui embellit le désert, m'a dit le petit prince, c'est qu'il cache un puits quelque part. »

87 mots

砂漠が美しいのはどこかに井戸を隠しているから

「星は美しい。花のせいだ、見ることのできない……」王子さまは言った。

「もちろんだ」ぼくは言った。そして見た、何も言わず、月明かりに照らされた砂漠を。

「砂漠は美しい」王子さまは言った。

それはほんとうだった。ぼくはつねに砂漠を愛していた。ぼくたちは座った、砂丘の上に。何も見えない。何も聞こえない。しかし、何かが輝いていた、静かに……

「砂漠を美しくしているのは」王子さまはぼくに言った。「それは、砂漠が井戸を隠しているからだ、どこかに」

語句解説

□ étoile *f.* 星
□ à cause de ... …のせいで
□ bien sûr もちろん
□ sans *inf.* …せずに
□ sable *m.* 砂
□ lune *f.* 月
□ désert *m.* 砂漠
□ s'assoit > s'asseoir 座る
□ dune *f.* 砂丘

□ cependant にもかかわらず
□ quelque chose 何か
□ rayonne > rayonner 輝く
□ en silence 静かに
□ embellit > embellir 美しくする
□ cache > cacher 隠す
□ puits *m.* 井戸
□ quelque part どこかに

目標タイム 29 秒	rapideを聴く (1回目) 1・2・3・4・5	速音読 1 秒	速音読 2 秒	速音読 3 秒	rapideを聴く (成果の確認) 1・2・3・4・5

Ce qui fait leur beauté est invisible !

☆ 「ぼく」は突如として、砂漠の美しさを理解します。

J'étais surpris de comprendre soudain la beauté du désert. Lorsque j'étais petit garçon, j'habitais une maison ancienne. La légende racontait qu'un trésor y était enfoui. Bien sûr, jamais personne n'a su le découvrir. Peut-être que personne ne l'a cherché. Mais l'histoire du trésor enchantait toute cette maison. Ma maison cachait un secret au fond de son cœur…

« Oui, ai-je dit au petit prince. Qu'il s'agisse de la maison, des étoiles ou du désert, ce qui fait leur beauté est invisible ! »

80 mots

美しさを生みだすものは、目に見えないんだ！

　ぼくは驚いた、急に理解できたことに、砂漠がなぜ美しいかを。子どもの頃、ぼくは住んでいた、古い家に。言い伝えによると、宝物が家に隠されているということだった。もちろん、今までだれも宝物を見つけたことはない。おそらく、だれも、探しさえしなかっただろう。しかし、宝物の話のおかげで魔法がかかったようだった、その家全体に。ぼくの家は秘密を隠していたんだ、深いところに……

　「そうだ」ぼくは王子さまに言った。「家でも、星でも、砂漠でも、それらを美しくしているものは、目に見えないんだ！」

語句解説

- □ surpris de ... …に驚く
- □ soudain 突然
- □ beauté *f.* 美しさ
- □ habitais > habiter 住む
- □ ancienne > ancien 古い
- □ légende *f.* 言い伝え、伝説
- □ racontait > raconter 物語る
- □ trésor *m.* 宝物
- □ enfoui > enfouir 隠す、埋める
- □ découvrir 発見する

- □ peut-être que + 直説法
  たぶん…だろう
- □ a cherché > chercher 探す
- □ histoire *f.* 話
- □ enchantait > enchanter
  魔法にかける
- □ au fond de ... …の奥に
- □ cœur *m.* 真ん中
- □ qu'il s'agisse de A, de B ou de C,
  Aであれ、Bであれ、Cであれ

目標タイム	rapideを聴く （1回目）	速音読 1	速音読 2	速音読 3	rapideを聴く （成果の確認）
26.7 秒	1・2・3・4・5	秒	秒	秒	1・2・3・4・5

J'ai soif de cette eau-là.

☆ 「ぼく」と王子さまはついに井戸を見つけました。
「ぼく」が井戸水を汲み上げます。

《 J'ai soif de cette eau-là, m'a dit le petit prince. Donne-moi à boire… 》

Et j'ai compris ce qu'il avait cherché !

J'ai soulevé le seau jusqu'à ses lèvres. Il a bu, les yeux fermés. C'était doux comme une fête. Cette eau était bien autre chose qu'un aliment. Elle était née de la marche sous les étoiles, du chant de la poulie, de l'effort de mes bras. Elle était bonne pour le cœur. C'était comme un cadeau. Lorsque j'étais petit garçon, la lumière de l'arbre de Noël et la musique de la messe de minuit faisaient ainsi tout le rayonnement du cadeau de Noël que je recevais.

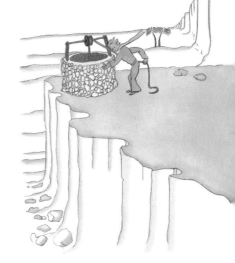

105 mots

この水が飲みたい

「飲みたい、この水が」王子さまがぼくに言った。「飲ませてよ……」

ぼくはわかった、王子さまが探していたものが！

ぼくは桶を王子さまの口まで持ち上げた。王子さまは飲んだ、目を閉じて。とてもおいしい水だった、まるでお祭りのように。この水は全く別ものだった、単なる飲み水とは。この水は生まれたのだ、星空の下を歩きまわったことから、井戸の滑車のきしる音から、ぼくの腕が水を汲み上げたことから。この水はいい水なのだ、心にも。プレゼントみたいなものだった。ぼくが子どものころ、クリスマスツリーの光や真夜中のミサの音楽は、輝かせていた、こんなふうに、ぼくがもらったクリスマスプレゼントを。

語句解説

- □ ai soif > avoir soif 喉がかわく
- □ donne-moi à boire > donner à qn à boire 飲み物を与える
- □ soulevé > soulever 持ち上げる
- □ seau *m.* 桶
- □ jusqu'à ... …まで
- □ lèvre *f.* 唇
- □ doux 甘い、心地よい
- □ fête *f.* お祭り
- □ autre chose que ... …とは別のもの
- □ aliment *m.* 食べ物、飲み物
- □ était née > naître 生まれる
- □ marche *f.* 歩くこと
- □ chant *m.* 歌声
- □ poulie *f.* 滑車
- □ effort *m.* 努力、仕事
- □ cadeau *m.* プレゼント
- □ arbre de Noël *m.* クリスマスツリー
- □ messe *f.* ミサ
- □ minuit *m.* 真夜中
- □ rayonnement *m.* 輝き
- □ recevais > recevoir 受け取る

目標タイム	rapideを聴く (1回目)	速音読 1	速音読 2	速音読 3	rapideを聴く (成果の確認)
35 秒	1・2・3・4・5	秒	秒	秒	1・2・3・4・5

Je vais te faire un cadeau. (1)

☆ 王子さまと「ぼく」にもいよいよ
別れのときがやってきました。
最後に、王子さまは「ぼく」にある贈り物をくれます。

Le petit prince a dit : « Tu regarderas, la nuit, les étoiles. C'est trop petit chez moi pour que je te montre où se trouve la mienne. C'est mieux comme ça. Mon étoile, ça sera pour toi une des étoiles. Alors, toutes les étoiles, tu aimeras les regarder… Elles seront toutes tes amies. Et puis je vais te faire un cadeau… »

Il a ri encore.

« Ah ! Petit bonhomme, petit bonhomme j'aime entendre ce rire !

— Justement ce sera mon cadeau… ce sera comme pour l'eau…

— Que veux-tu dire ? »

86 mots

贈り物をあげるよ (1)

　王子さまは言った。「きみは見るよ、夜、星を。ぼくのところは小さすぎて、きみに教えてあげられないけれど、どこにあるか。このほうがいいんだ。ぼくの星、それはきみにとってたくさんの星のひとつになるよ。そうしたら、すべての星、きみはそれを見るのが好きになるよ……全部の星がきみの友達になるんだ。それから、贈り物をあげるよ……」

　王子さまはまた声を出して笑った。

「ああ、きみ、ぼくは好きなんだ、きみの笑い声を聞くのが！」

「そうだよ、これがぼくの贈り物さ。水のときと同じだよ」

「どういう意味だい？」

語句解説

- □ nuit *f.* 夜
- □ trop ... pour que ...
  …するには…すぎる
- □ montre > montrer 示す
- □ où どこに
- □ se trouve > se trouver ... …にある
- □ mieux よりよい > bien
- □ une des ... …のうちのひとつ
- □ aimeras *inf.* > aimer *inf.*
  …するのが好き

- □ faire un cadeau à *qn*
  （人）に贈り物をする
- □ a ri > rire （声を出して）笑う
- □ petit bonhomme
  （呼びかけで）坊や
- □ entendre 聞く
- □ rire *m.* 笑い
- □ justement まさに、ちょうど
- □ comme pour ... …の場合と同様に

目標タイム	rapideを聴く (1回目)	速音読 1	速音読 2	速音読 3	rapideを聴く (成果の確認)
28.7 秒	1・2・3・4・5	秒	秒	秒	1・2・3・4・5

Je vais te faire un cadeau. (2)

☆ 王子さまの贈り物は
だれも持っていないような星でした。
どんな星なのでしょうか。

« Les gens ont des étoiles qui ne sont pas les mêmes. Pour les uns, qui voyagent, les étoiles sont des guides. Pour d'autres elles ne sont rien que de petites lumières. Pour d'autres qui sont savants, elles sont des problèmes. Pour mon businessman, elles étaient de l'or. Mais toutes ces étoiles-là se taisent. Toi, tu auras des étoiles comme personne n'en a…

— Que veux-tu dire ?

— Quand tu regarderas le ciel, la nuit, puisque j'habiterai dans l'une d'elles, puisque je rirai dans l'une d'elles, alors ce sera pour toi comme si riaient toutes les étoiles. Tu auras, toi, des étoiles qui savent rire ! »

Et il a ri encore.

107 mots

贈り物をあげるよ ⑵

　「人は星を持っているんだ、みんな違った。旅行をする人たちには、星は案内役だ。ほかの人たちには、小さな光以外の何物でもない。学者にとっては、星は解決すべき問題だ。ぼくが会ったビジネスマンにとっては、星はお金だった。でも、その星たちは全部黙っているよ。でもきみは、星を持つことになるよ、だれも持っていないような……」

　「どういう意味だい？」

　「きみが空を見るだろう、夜に、だってぼくが住んでいるから、そのうちのひとつに。そしてぼくが笑うから、そのうちのひとつで。そうしたら、きみにとって、まるですべての星が笑っているみたいになるよ。きみは、星を持つんだ、笑うことのできる！」

　王子さまはまた声を出して笑った。

語句解説

- □ gens *m. pl.* 人々
- □ les uns ある人々
- □ voyagent > voyager 旅行する
- □ guide *m.* 案内役
- □ d'autres ほかの人々
- □ ne ... rien que ...
  …以外の何物でもない
- □ lumière *f.* 光
- □ savant *m.* 学者
- □ problème *m.* 問題
- □ businessman *m.* ビジネスマン
- □ or *m.* 金、財産
- □ ciel *m.* 空
- □ comme si + 半過去
  まるで…のように
- □ savent *inf.* > savoir *inf.* …できる

目標タイム 35.7 秒	rapideを聴く （1回目） 1・2・3・4・5	速音読 1 秒	速音読 2 秒	速音読 3 秒	rapideを聴く （成果の確認） 1・2・3・4・5

1セクションごとの最高タイムから、音読のスピードを計算して、グラフに記入しよう。

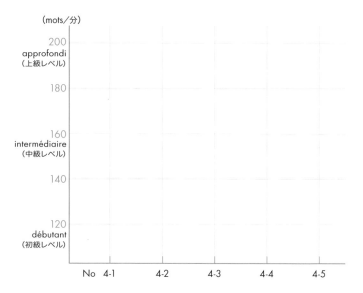

 下記の 　　　 秒に、テキストごとの最高タイムを記入して計算すると、1分あたりのスピードがわかります。

No 4-1	5220	÷	秒	=	mots／分
4-2	4800	÷	秒	=	mots／分
4-3	6300	÷	秒	=	mots／分
4-4	5160	÷	秒	=	mots／分
4-5	6420	÷	秒	=	mots／分

※数値は、分速の計算用に本文の語数に60を掛けたものです。

会話に挑戦！

À votre tour !

 次の文を何度も口に出して覚えましょう。

> C'est trop petit chez moi pour que je te montre où se trouve mon étoile.

ぼくのところは小さすぎて、どこにぼくの星があるかきみに教えてあげられない。

ポイント trop ... pour que + 接続法 (pour *inf.*)
…するには…すぎる、…すぎて…できない

 つぎに、この文をモデルにして①と②をフランス語で言ってみましょう。カッコの中の単語を参考にしてください。

① わたしの家は小さすぎて、猫を飼うことができません。

(avoir un chat)

② わたしは疲れすぎていて、やる気がでません。

(fatigué(e), avoir le moral)

答え ① C'est trop petit chez moi pour que j'aie un chat.
② Je suis trop fatigué(e) pour avoir le moral.

103

apprivoiser「飼いならす」って？

　『星の王子さま』のキーワードのひとつに apprivoiser があります。本書で「飼いならす」と訳した単語です。キツネと王子さまの場面で出てくる言葉で、「飼いならされてないから一緒に遊べないよ」と言うキツネに向かって、王子さまが「『飼いならす』ってどういう意味？」（Qu'est-ce que signifie "apprivoiser"?）と聞く場面はあまりにも有名です。

　わたしがはじめて原文で『星の王子さま』を読んだのは、大学1年生のフランス語の講読の授業でしたが、そのときに apprivoiser という単語をどう訳すかで、授業中にさまざまな仏和辞典を引き比べたのを覚えています。わたしたちの結論は「やっぱり、飼いならすという訳しか辞書に出ていないから、apprivoiser の訳は飼いならすにしておこう」というものでした。解決方法は安直ではありましたが、大学1年生であっても「飼いならす」という日本語がなんとなく座りが悪い、ということは感じていたわけです。

　そこで、ここではどうもしっくりこない apprivoiser「飼いならす」について、邦訳の比較を踏まえながら、考えてみたいと思います。

『星の王子さま』の翻訳

　その前に、まず、『星の王子さま』の翻訳をめぐる状況について簡単に振り返っておきましょう。

　『星の王子さま』は世界中で100か国以上の言葉に翻訳されているといわれます。日本では長いこと内藤 濯氏の訳で親しまれてきました。Le Petit Prince（小さな王子さま）を最初に『星の王子さま』と

訳したのも内藤氏です。2005年に日本での著作権の保護期間が切れたことで、数多くの新訳が出たもの記憶に新しいことです。

　これらの新訳のタイトルを見てみると、内藤氏の訳を踏襲し『星の王子さま』としたもの、文字通り『ちいさな王子』と訳したもの（野崎歓訳、光文社古典新訳文庫）の2系統があることがわかります。また、出版された書籍のタイトルにはなっていませんが、prince を principauté（公国）の君主と解釈し、タイトルは『小さな大公』とすべきだという意見もあります。シンプルな言葉で書かれているからこそ、タイトルからして多義的な作品なのかもしれません。邦訳を読み比べてみても、それぞれの訳の雰囲気の違いに気がつかれるでしょう。

　こうした違いは、訳者それぞれが『星の王子さま』を読んだ時の個々の読書体験から来るのかもしれません。読書は基本的にはひとりでするものであり、自分ひとりの経験です。そうしてひとりひとりが受け取ったものの違いが、翻訳の違いとなって表にあらわれてくるのではないでしょうか。

　apprivoiser の訳語も、翻訳を比べてみると多様です。プロが訳した翻訳を見てみますと、内藤濯訳『星の王子さま』では「飼いならす」、河野万里子訳『星の王子さま』では「なつく」、野崎歓訳『ちいさな王子』では「なつかせる」、池澤夏樹訳『星の王子さま』では「飼い慣らす」、倉橋由美子訳『星の王子さま』では「仲良しになる」となっています。

apprivoiser ってどういう意味？

　では、フランス語の apprivoiser とは、そもそもどういう意味なのでしょうか。Le Grand Robert という仏仏辞典では apprivoiser を "Rendre moins craintif ou moins dangereux (un animal farouche, sauvage)."すなわち、「より臆病でなくすること、あるいはより危険でなくすること（人に慣れていない、野生の動物を）」と定義しています。つまり、フランス語でも、もともと動物に対して使う言葉なのです。ですので、単語を文字通り訳せば「飼いならす」あるいは、動物に対して使える「なつかせる」になるかと思います。「仲良しになる」というのは、「飼いならす」という日本語に対する違和感を和らげるために、この文脈のなかで apprivoiser が意味するところは何かを考えた末の工夫であるように思われます。

　また、池澤夏樹氏は apprivoiser を「飼い慣らす」と訳した理由について、次のように述べています。

　　　僕は"飼い慣らす"と訳しましたが、日本語の飼い慣らすとは、少し違う。そのまま対応する言葉が、日本語にはないんです。飼い慣らすというのは、上下の感覚があるでしょう。上に立つものが下にいるものを飼い慣らすという。アプリヴォワゼは、その感じがあまり強くありません。積極的に働きかけて、よき仲を作ろうと意志する、みたいな感じかな。"仲良くなる"というのとも違うんです。"仲良くなる"のは、ほっとけば自動的になるわけでしょう。そうではなく、仲良し関係を育て上げる、というような。仲良くなることを提案して、実行して、仲良しになる……こうやって説明していくとキリがないんですけど（笑）（s-woman.net より引用。URL ── http://www.s-woman.net/ikezawa/3.html、2013 年 10 月 26 日参照）

　わたし個人としては、フランス語の apprivoiser と日本語の「飼いならす」のこうしたニュアンスの違いまでは感じることはできません。しかし、また別の理由から apprivoiser は「飼いならす」と訳したいと思いました。

　まず、apprivoiser というのは、キツネが自分の知っていてなじん

でいる言葉で、ある人と親しくなるということを表現しようとした結果出てきた言葉であると考えられます。「仲良くなる」というよりも「飼いならす」という方が、動物であるキツネにとってはよくわかる、身近な表現だったのではないでしょうか。であれば、それが訳文でも出ているとよいと思いました。

　つぎに、ふつうはもっぱら人間が動物を手なずけるというやや無味乾燥な意味で使われる approvoiser という単語を、キツネと王子さまの会話の中に唐突に登場させることで、それを超えた意味がここで生まれているのではないかと思ったからです。フランス人にとっても、ここで apprivoiser という単語が出てくるのは唐突なはずです。フランス語でも、「友達になる」など、ほかの言い方ができたはずです。けれども、そうした言い方を用いずに apprivoiser という意外な表現を用いたことが、この場面に深みを与え、詩的な効果を生みだしているのではないでしょうか。

　とはいえ、読書というのは、個人個人の経験です。邦訳を比べてみてもわかるように、同じ本を読んでもひとりひとりが受け取るものは異なります。読者のみなさんも、本書をきっかけに、いつか『星の王子さま』全編をフランス語で読んでみて、自分なりの世界を味わっていただけたらと思います。原文で読むと翻訳とはまた違った味わいや新しい発見があるはずです。そして本書が少しでもその役に立てれば、幸いです。

第2部
シャルル・ペローの
おとぎ話

「シャルル・ペロー」の物語

　ペローのおとぎ話 Contes が書かれたのは17世紀（1697刊）、以後21世紀の今日まで読み継がれている永遠のロングセラーです。

　作者シャルル・ペロー（1628–1703）は、ブルボン王朝全盛期のブルジョア家庭に、親指小僧と同じ7番目の子供として生まれた、たいへん才能豊かな人物です。小さい時から優秀でしたが、校長先生と喧嘩をして退学になったりするような子供でした。一度は弁護士にもなったのですが、性に合わなかったらしく官僚に転身し、太陽王ルイ14世の統治下で主に文化事業にたずさわりました。

　建築、美術、文学、科学といったあらゆる方面に才能を発揮し、ヴェルサイユ宮殿などの建築設計にもかかわり、フランス・アカデミーの会員でもありました。文学に関しては、ギリシャ・ローマ古典を最上のものと考える古代擁護派に対して、ペローは、偉大なルイ14世とともに芸術も大きな進歩を遂げつつあるという、現代派のリーダーでした。

　この時代はラシーヌやコルネイユなど演劇も韻文で、散文を取り入れた劇を上演していたのはモリエールくらいでした。

　ペローの作品も1695年に刊行された『グリゼリディス』、『ろばの皮』『愚かな願いごと』は伝統に従って韻文ですが、本書の8つの物語『過ぎし昔の物語ならびに教訓』は散文で書かれています。地方のおばあさんが孫に話して聞かせるようなたわいないおとぎ話を、散文で作品としてまとめ、出版し、宮廷で朗読するというのは画期的なことだったのです。しかもペローは伝承の様式と表現と筋書きを生かしながら、王朝文化も取り入れた華やかさのある物語を創造して、その時代に根付かせました。

ペローは44歳になってから25歳も年下の女性と結婚したのですが、50歳のときその若い妻が4人の幼い子供を残して他界してしまったので、5年後には官僚の職を退いて、それからは子供たちの教育に専念します。そのとき出会ったのがおとぎ話だったようです。

　ペローはそれぞれの話のあとに教訓をつけています。以前フランスの若い人たちと話をしているとき、たまたま白雪姫の話になったら、皆が口々にこの話の moralité はなんだっけと言い始めたので、以来フランスではおとぎ話には必ず教訓があるのだと、思っていましたが、そうではなく、きっとペローが深く浸透したため、おとぎ話には教訓があるものだと考えられるようになったということなのでしょう 。

　本書にもその一部を掲載している挿絵を書いたギュスタフ・ドレ（1832–1888）は、他にも聖書やダンテの『神曲』、ドン・キホーテなどの挿絵でも有名な画家です。児童図書出版のエッツェル社がドレの絵という付加価値をつけてペロー童話集を出版したのは1862年でした。もう古典になっていたのです。またイギリスのマザー・グースという語は、本書の原タイトル Histoires ou contes du temps passé. Avec de moralités：Contes de ma mère l'Oye（『がちょうおばさんの話』）のマ・メール・ロワの英訳（1729）から来ています。

文体について

　本書では読みやすくリライトされてはいますが、ペローの童話集は物語であること、また17世紀の作品であることから、複合過去ではなく、会話には使われない単純過去で書かれていますし、やや古い言い回しや、今と少し意味が異なる使い方の語句も出てきます。けれど、当時もサロンで朗読されましたし、長い年月子供に読み聞かせられ続けてきたものですから、音読には最適で耳になじむはずです。この機会にフランスのおとぎ話のリズムに親しんでください。

和訳はできるだけ原文の語順と同じにしてあります。そのため、ややおかしな日本語になっているかもしれませんが、それは聞こえてくる音に添って、意味が頭に入るようにという本書の目的に合わせたものです。また、1単語につきほとんど1つの日本語しかあてていませんが、ここに出てくる意味の確認と思ってください。辞書を引く手間を省いて、気軽に聴くこと、音読することに集中できるようにしました。

　その単語の和訳が、その日本語だけではないことはもちろんです。他の文章でまた出会って、日本語に置き換えてみようというときは、使われている文脈に合った日本語を探しましょう。仏和、仏仏辞典などで、その単語がどのような意味の範囲を持っているか調べてみるのも有効です。

　本書では、日本語で意味がわかっているフランス語が耳から流れ、自分でも声に出すので、単語ごとに暗記したりするより、言葉の感覚が容易に身につくことが期待できます。

眠りの森の美女

LA BELLE AU BOIS DORMANT

Il était une fois un roi et une reine.

✳ 長い間子供がいなかった王と王妃にある日王女が生まれ、立派な洗礼式が開かれた。国中の仙女が招待されたが、ただ一人呼ばれなかった仙女がいた。

Il était une fois un roi et une reine. Ils étaient très tristes de ne pas avoir d'enfants. Un jour enfin la reine fut enceinte, et elle accoucha d'une fille. On fit un beau baptême. On donna pour marraines à la petite princesse toutes les fées que l'on put trouver dans le pays. (Il s'en trouva sept.) Chaque fée fit un don à la princesse. Par ce moyen, la princesse reçut toutes les perfections.

Après le baptême, toute la compagnie revint au palais du roi. Il y avait un grand festin pour les fées. Tout à coup, on vit entrer une vieille fée que l'on n'avait point invitée, parce qu'on la croyait morte.

113 mots

はるか昔のこと、ある王と王妃がいた

　はるか昔のこと、ある王と王妃がいた。2人はとても悲しい思いをしていた、子供がいなかったのだ。ある日ようやく身重になって、王妃は女の子を産んだ。立派な洗礼式が行われた。代母として、その小さな王女のために、国中に見つけられるかぎりの仙女全員があてられた。（7人いた。）それぞれの仙女が、1つずつの贈り物を、王女にした。このようにして、王女は授かったのだ、全ての美点を。

　洗礼式のあと、一同は王宮に戻った。素晴らしいごちそうが、仙女たちのために用意されていた。そこへ突然、年寄りの仙女が入ってきた、招待はされていない。招待しなかったのは、もう死んだと思ったからだ。

語句解説

- □ il était une fois （おとぎ話の冒頭で）昔々…がいました
- □ reine *f.* 王妃
- □ enceinte 妊娠している
- □ accoucher de 〜を出産する
- □ baptême *m.* 洗礼
- □ marraine *f.* 代母（女子受洗者の保証人）
- □ fée *f.* 妖精、仙女
- □ par ce moyen この方法で
- □ don *m.* 贈り物、才能
- □ perfections *f.* （複数形で）美点
- □ compagnie *f.* （客）一同
- □ festin *m.* 祝宴、ごちそう
- □ tout à coup 突然
- □ ne ... point 少しも…ない

目標タイム	rapideを聴く（1回目）	速音読 1	速音読 2	速音読 3	rapideを聴く（成果の確認）
37.7 秒	1・2・3・4・5	秒	秒	秒	1・2・3・4・5

Mais la vieille fée lui donna pour don que la princesse se percerait la main d'un fuseau, et qu'elle en mourrait.

✳ 年寄りの仙女は自分が馬鹿にされたのだと思った。恨みの言葉をつぶやくのを聞いた若い仙女は、もし年寄りの仙女がよくない贈り物をしたら、最後に訂正できるようにと、タピスリーの陰に隠れて待つことにした。

Les autres fées commencèrent à faire leurs dons à la princesse. Une fée lui donna pour don qu'elle serait la plus belle personne du monde. La deuxième fée donna pour don que la princesse aurait de l'esprit comme un ange, la troisième fée qu'elle aurait une grâce admirable, la quatrième fée qu'elle danserait parfaitement bien, la cinquième fée qu'elle chanterait comme un rossignol, et la sixième fée qu'elle jouerait de toutes sortes d'instruments à la perfection. Mais la vieille fée lui donna pour don que la princesse se percerait la main d'un fuseau, et qu'elle en mourrait.

97 mots

王女は手に錘が刺さって死ぬだろう

　他の仙女たちは、贈り物をし始めた、王女に。ある仙女は贈り物として捧げた、王女が世界一美しくなることを。2人目の仙女は捧げた、王女が天使のような心を持つことを。3人目の仙女は、素晴らしい優雅さを持つことを。4人目の仙女は、完璧にうまく踊れることを。5人目の仙女は、ナイチンゲールのように歌えることを、6人目の仙女は、どんな楽器も完璧に演奏できることを。しかし、年寄りの仙女は贈り物として捧げた、王女の手に錘が刺さって、死ぬことを。

　□ ange *m.*　天使
　□ grâce *f.*　優美さ
　□ rossignol *m.*　ナイチンゲール
　□ instrument *m.*　楽器
　□ à la perfection　見事に、完璧に

　□ fuseau *m.*　錘（糸を紡ぐ道具の付属品、鉄製の太い針状の棒で回転して糸を巻き取る）
　□ la princesse se percerait la main d'un fuseau　王女は錘で手を刺すだろう

目標タイム 32.3 秒	rapideを聴く (1回目) 1・2・3・4・5	速音読 1 秒	速音読 2 秒	速音読 3 秒	rapideを聴く (成果の確認) 1・2・3・4・5

Mais rien ne la faisait revenir de son évanouissement.

※ それから15、6年後、王と王妃の留守中、王女は城の屋根裏部屋で糸を紡いでいる老婆に出会う。老婆はお触れのことも王女のことも知らなかった。

La princesse prit le fuseau et s'en perça la main … et elle tomba évanouie.

La bonne vieille crie au secours. On vient de tous côtés, on jette de l'eau au visage de la princesse, et on lui frappe dans les mains. Mais rien ne la faisait revenir de son évanouissement.

Alors le roi se souvint de la prédiction des fées. Il fit mettre la princesse dans le plus bel appartement du palais, sur un lit d'or. Même dans son évanouissement, elle était toujours belle comme un ange. Elle avait seulement les yeux fermés, mais on l'entendait respirer doucement.

98 mots

何をしても、王女に意識を取り戻させることはできなかった

　王女が錘を手に取ると、それが手に刺さった……そして、王女は気を失って倒れた。

　老婆は叫んで助けを呼んだ。あちこちから人が来て、王女の顔に水をかけたり、両手をたたいてみたりした。だが、何をしても彼女を引き戻せなかった、失神の状態から。

　それで、王は思い出した、仙女たちの予言を。王は王女を宮殿の一番美しい部屋の、金のベッドに寝かせた。意識を失っていても、彼女はやっぱり美しく、天使のようだった。目を閉じているだけで、聞こえていた、静かに呼吸しているのが。

語句解説

- ☐ tomber évanoui　気を失って倒れる
- ☐ crier au secours　助けを求めて叫ぶ
- ☐ évanouissement *m.*　失神
- ☐ se souvenir de　〜を思い出す
- ☐ prédicition *f.*　予言
- ☐ palais *m.*　宮殿
- ☐ appartement *m.*　（城の中でも何部屋かで構成される）居住部分

目標タイム 32.7 秒	rapideを聴く （1回目） 1・2・3・4・5	速音読 1 秒	速音読 2 秒	速音読 3 秒	rapideを聴く （成果の確認） 1・2・3・4・5

Mon prince, on dit qu'il y a dans ce palais une belle princesse.

✳ 知らせを聞いて駆けつけた若い仙女は、王と王妃をのぞく全員を眠らせ、城全体に魔法をかけた。王と王妃が城を出ると、城はあっという間に大木やとげのある木々やイバラで包まれた。

Au bout de cent ans, un fils d'un roi (d'une autre famille que la princesse endormie) était allé à la chasse de ce côté-là. Il demanda ce que c'était que les tours qu'il voyait au-dessus d'un grand bois fort épais. Ses amis n'en savaient rien. Les uns disaient que c'était un vieux château où il revenait des esprits. Les autres disaient qu'un ogre y demeurait.

Le prince ne savait qu'en croire. Mais un vieux paysan prit la parole et lui dit : « Mon prince, on dit qu'il y a dans ce palais une belle princesse. On dit qu'elle dormira cent ans, et qu'elle sera réveillée par le fils d'un roi. »

109 mots

王子様、あの城には美しい王女がいると聞いています

　100年後、王の息子（眠っている姫とは違う家族の）が、狩りをしに、その近くへ来た。王子は聞いた、あれは何ですか、あそこに塔が見えるが、大きなうっそうとした森の上に。王子の仲間は何も知らなかった。ある人々によると、あれは古い城で幽霊が出るというし、また別の人々によると、鬼が住んでいるという。

　王子はそれを信じるしかなかった。しかし年寄りの農民が口を開いて、彼に言った。「王子様、聞いた話では、あの宮殿には、美しいお姫様がいるそうです。100年眠るのだそうです。そして目覚めさせてもらうとか、ある王子様に」

語句解説

- □ endormi　眠っている
- □ aller à la chasse　狩猟に行く
- □ tour *f.*　塔
- □ épais　密生した

- □ il revenait des esprits = des esprits reviennent　幽霊が出る
- □ ogre, resse　人食い鬼
- □ demeurer　住む

目標タイム	rapideを聴く （1回目）	速音読 1	速音読 2	速音読 3	rapideを聴く （成果の確認）
36.3 秒	1・2・3・4・5	秒	秒	秒	1・2・3・4・5

Est-ce vous, mon prince?

✳ この話を聞いて、王子は胸が熱くなるのを感じた。自分が行っ
てこの話に決着をつけようと思う。王子が森を進んで行くと、
枝が自分から道を開けて彼だけを通した。

Quand il s'avança tout seul vers les bois, ces ronces et ces
épines s'écartèrent d'elles-mêmes pour le laisser passer. Il
marcha vers le palais. Il entra dans une grande avant-cour où
tout ce qu'il vit était capable de le glacer de crainte. C'était
un silence affreux. L'image de la mort se présentait partout ;
le prince ne voyait que des corps d'hommes, de femmes et
d'animaux, qui paraissaient tous morts.

Le prince entra dans une chambre, et il vit sur un lit la jeune
princesse endormie. Elle lui paraissait être la plus belle fille du
monde.

La princesse s'éveilla. Elle regarda le prince avec des yeux
tendres. « Est-ce vous, mon prince ? », lui demanda-t-elle.

Le prince était charmé. Il assura la princesse qu'il l'aimait
plus que lui-même.

115 mots

あなたでしたの、私の王子様

　王子がたった1人で森へ向かうと、イバラもとげも自分から道を開けて、彼を通らせた。王子は宮殿の方へ歩いた。広い前庭に入ったが、そこで見たものは、王子を恐ろしさで凍りつかせるに十分だった。恐ろしいまでの静寂。死の光景が広がっていた。王子が目にしたのは、男たち、女たちそして動物たち、みな死んでいるように見えた。

　王子がある部屋に入ると、ベッドの上に若い王女が眠っているのが見えた。王女は王子の目には世界一美しい娘と映った。

　王女は目覚めた。王女は王子を優しい目で見て「あなたでしたの、私の王子様」と彼に尋ねた。

　王子は魅了された。王女に誓って言った、自分は彼女を自分自身より愛していると。

語句解説

□ ronce *f.* イバラ
□ épine *f.* とげ（を持つ植物）
□ s'écarter 分かれる
□ avant-cour *f.* 前庭
□ glacer de crainte 恐怖で震え上がらせる

□ affreux ぞっとするような
□ se présenter 現れる
□ charmé 魅了されて
□ assurer 確約する、断言する

目標タイム	rapideを聴く (1回目)	速音読 1	速音読 2	速音読 3	rapideを聴く (成果の確認)
38.3 秒	1·2·3·4·5	秒	秒	秒	1·2·3·4·5

１セクションごとの最高タイムから、音読のスピードを計算して、グラフに記入しよう。

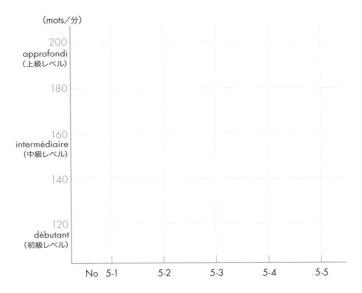

 下記の　　　　　秒に、テキストごとの最高タイムを記入して計算すると、１分あたりのスピードがわかります。

No 5-1	6780	÷	秒	=	mots／分
5-2	5820	÷	秒	=	mots／分
5-3	5880	÷	秒	=	mots／分
5-4	6540	÷	秒	=	mots／分
5-5	6900	÷	秒	=	mots／分

※数値は、分速の計算用に本文の語数に60を掛けたものです。

p.114 **Ils étaient très triste de ne pas avoir d'enfants.**
彼らは子供がいないことを悲しんでいた。

例）Il est triste de cet échec (d'avoir échoué).
失敗して悲しい、失敗が悲しい、と不定詞も名詞も使えます。

p.114 **Un jour enfin la reine fut enceinte, et elle accoucha d'une fille.**
ある日王妃はやっと妊娠し、女の子を産んだ。

それまで半過去だったのが、ここで単純過去が使われています。
ごく大雑把に言うと、半過去は過去の状態、単純過去は過去の出来事です。単純
過去は「…して、…して、…なった」と話を進行させる役割があります。

p.114 **On fit un beau baptême.** 立派な洗礼式がおこなわれた。

on は「人は」の意味で、主語にだけ使われます。ここで on が指しているのは、
宮廷の人々か王と思われますが、行為者を明示しない言い方でもあります。on に
対する動詞は 3 人称単数。形容詞、過去分詞は原則男性単数を用います。l'on と
なるのは、et、ou、qui、quoi などの後で母音の衝突を避けるため。qu'on と
que l'on で意味の違いはありません。

p.114 **Il s'en trouva sept. = Il se trouva sept fées.** 7人いた。

Il se trouver… 「～がいる、ある」en は中性名詞で、de + 名詞・代名詞・不定詞・
節などに代わるもの。
例）Avez-vous des enfants ? Oui, J'en ai. (= des enfants)
J'en ai deux.
Non, je n'en ai pas.

以下の文章にも出てきます。

… elle en mourrait = elle mourrait de cela それが原因で死ぬ *(p.116)*

… s'en perça la main = se perça de ce fuseau 錘を手に刺した *(p.118)*

Ses amis n'en savaient rien. そのことについて何も知らなかった *(p.120)*
なお、p.120 の Le prince ne savait qu'en croire. 「王子はそれを信じるしかな
かった」の en croire は、特に何かをはっきり指示しない「～を信用する」とい
う熟語。

p.114 **Tout à coup, on vit entrer une vieille fée.**
(= on vit une vieille fée entrer = on la vit entrer)
その時突然、人々は年取った仙女が入ってくるのを見た。

On l'entendait respirer doucement. *(p.118)*
彼女が（l'）静かに呼吸しているのが聞こえた。
voir や entendre など感覚動詞 + 不定詞で「～が…しているのを見た、聞いた」

眠りから覚めて

　この物語、王子がやって来て王女が目覚め、めでたしめでたしで終わるのではないのですね。城中がみな目覚めて食事をして、そのあとすぐに結婚式を挙げ「その夜はふたりともあまり眠らなかった、もっとも王女の方はその必要はなかったが」、と同じ文章の中で「朝になるやいなや王子は出発した」といって、王子は父王が心配して待つ自分の城へ帰ってしまいます。そして後日談が全体の5分の2ほど続くのです。結婚して終わるのはグリム童話の方です。

　さて、王子は母が人食い鬼だったので、妻と子供を隠していたのですが、なぜ父王がそのような結婚をしたのかというと、財産目当てだったというのです。父王が亡くなって王子が王位を継ぐと、さすがに国民や母后に家族を紹介します。その時までにはオーロール（暁姫）とジュール（日の光）という子供も生まれていました。母后は可愛い2人の孫を見ると食べたくて（！）たまりません。王が城を留守にしている間に食べてしまおうと給仕長に言いつけるのですが、給仕長は代わりに羊や鹿を殺して子供たちと若い王妃をかくまいます。だまされたと知った母后が激怒して、ヒキガエルや毒ヘビでいっぱいの大きな桶を用意し彼らを放り込んで殺そうとしたところ、突然王が帰国します。逆上した母后は結局自分がその中に飛び込んで死んでしまいます。

　凄まじい最期です。それでも王は、お母さんですから、恐れながらも愛していて、母后が亡くなったことをたいへん悲しみました。母后の方もオーロールを食べたいと言い出すまでは、小さな子供を見ると襲いかかるのを我慢するのに、この世ならぬ苦しみを味わっ

ていたようです。でも、ということは、とても良い人に思われる王子ですが、彼にも人食い鬼の血が流れていたのですよね。

　まあそれは詮索しないことにして、王子と王女が会うシーンはとても素敵です。時が満ちて目が覚める時が来ていたので、王子が枕元にひざまずくと王女はすぐに目覚め、王子の方がぎこちなくて、しどろもどろだったので、王女はまたそこがいいと思ったなどと書かれています。キスはしません。王女は長い眠りの間に夢を見て、心の準備ができていたので落ち着いていました。ふたりは4時間話したが、まだまだ話し足りなかった、というのもとてもおもしろく読めます。100年も眠っていた話なのに、王女が眠りについたとき仙女が1時間で駆けつけたとか、15分で城の周りに木が生い茂ったとか、他の数字はかなり細かいのです。

　起きたとき王女は時代遅れの服を着ていたけれど、美しいのには変わりなかったとか、失礼になるから王子はそのことを黙っていたとか、100年何も食べないでいた召使いたちはお腹がペコペコだったとか、具体的な描写には思わず笑ってしまいます。

　ここでの教訓は、良い夫に出会うにはじっくり待たなければならないということ。けれど女性は結婚に憧れて急ぐものだから、自分は女性に向かってこの教えを説く、力も勇気もない、と結んでいます。

　ところで王女が生まれたときに仙女たちが贈り物をしますが、富は贈っていません。ペローは富よりもその人の資質や心の持ち方が大事だと思っていたように感じられます。

青ひげ

BARBE-BLEUE

Mais par malheur, cet homme avait la barbe bleue.

✳ 青色のひげのせいで周りから恐れられてる金持ちの男がいた。その男は近所に住む女性に、２人の娘のうちのどちらかと結婚したいと申し出た。

Il était une fois un homme très riche. Il avait de belles maisons et de la vaisselle d'or. Mais par malheur, cet homme avait la barbe bleue. Cette barbe le rendait très laid et terrifiant. Tout le monde avait peur de lui.

Une de ses voisines avait deux filles parfaitement belles. Barbe-Bleue demanda l'une de ces filles en mariage. Il laissa le choix aux filles. Mais les filles ne voulaient point se marier avec Barbe-Bleue. Les filles avaient peur de lui. Cet homme avait déjà épousé plusieurs femmes, et personne ne savait ce que ces femmes étaient devenues.

98 mots

不運にもこの男のひげは青かった

昔々、たいそう金持ちの男がいた。複数の立派な家も金の食器もあった。しかし、不運にも、この男には青いひげがはえていた。このひげのせいで、彼は醜く恐ろしげに見えた。誰もが彼を怖がった。

近所の婦人に娘が2人いたが、どちらも文句なしの美人だった。青ひげは娘のうち1人との結婚を申し込んだ。どちらがするかは、娘たちに任せた。だが、娘たちは望まなかった、青ひげと結婚するのを。娘たちは彼を怖がっていた。この男はすでに数人の女性と結婚していたが、この女性たちがどうなったか誰も知らなかったからだ。

目標タイム	rapideを聴く (1回目)	速音読 1	速音読 2	速音読 3	rapideを聴く (成果の確認)
32.7 秒	1・2・3・4・5	秒	秒	秒	1・2・3・4・5

Ouvrez tout, allez partout, mais je vous défends d'ouvrir ce cabinet.

✳ 青ひげは近づきになるため、姉妹をその母親や友達と一緒に別荘へ招いた。一週間が過ぎると、妹娘の方が青ひげに親しみを感じるようになり、やがて結婚した。

Au bout de quelques mois, Barbe-Bleue dit à sa femme :

« Je dois faire un voyage en province. Amusez-vous bien pendant mon absence. Votre sœur Anne pourrait vous rendre visite. Voilà les clefs des deux grands garde-meubles. Voilà les clefs de la vaisselle d'or. Voilà le passe-partout de tous les appartements. »

Puis il continua :

« Mais cette petite clef, c'est la clef du cabinet de l'appartement bas. Ouvrez tout, allez partout, mais je vous défends d'ouvrir ce cabinet. S'il vous arrive de l'ouvrir, il n'y aura rien qui puisse apaiser ma colère. »

91 mots

132

あの部屋だけは開けてはいけない

それから数カ月過ぎたとき、青ひげは妻に言った。

「私は出かけなければならない、地方へ。ゆっくり楽しみなさい、私の留守中も。姉さんのアンヌに来てもらったらどうだ。これが２つある大きな家具部屋の鍵、これが金食器の戸棚の鍵。それからこれは合鍵だ、どの部屋でも開けられる」

それから続けて言った。

「だが、この小さな鍵、これは下の階の小部屋の鍵だ。どこを開けても、どこへ行ってもいい、だがおまえに禁じておく、その小部屋は開けるな。もし開けるようなことがあれば、私の怒りをおさめるすべはないだろう」

語句解説

- □ province *f.* 地方
- □ amusez-vous bien 楽しんでください
- □ absence *f.* 不在
- □ rendre visite à *qn* 〜を訪ねる（人のとき）
- □ garde-meubles *m.* 家具部屋 模様替えのため使っていない家具を置く部屋
- □ passe-partout *m.* マスターキー

- □ defendre à *qn* de *inf* 〜に…することを禁じる
- □ cabinet de l'appartement bas 下の階の小部屋（下（１階）のアパルトマンは家の主人か執事が使う事が多く、cabinet はそれに付属する独立した小部屋。夫人の部屋は２階）
- □ il arrive à *qn* de 〜は…することがある
- □ apaiser なだめる

目標タイム **30.3** 秒	rapideを聴く （1回目） 1・2・3・4・5	速音読 1 秒	速音読 2 秒	速音読 3 秒	rapideを聴く （成果の確認） 1・2・3・4・5

Elle vit aussi les corps de plusieurs femmes mortes et attachées le long des murs.

✳ 結婚して数カ月後、青ひげは妻に地方に出かけることになったと言って家中の鍵を渡し、彼の留守中に下の階の小部屋を開けることを禁じた。妻は言いつけに従うと約束した。

Malgré sa promesse, elle avait une grande envie d'ouvrir le cabinet de l'appartement bas. Pressée par sa curiosité, elle y descendit toute seule. Étant arrivée à la porte du cabinet, elle s'y arrêta quelque temps. Elle pensa à la défense que son mari lui avait faite. Mais la tentation était trop forte. Elle prit donc la petite clef et ouvrit la porte du cabinet.

Dans le cabinet, elle vit que le plancher était tout couvert de sang. Elle vit aussi les corps de plusieurs femmes mortes et attachées le long des murs. (C'était toutes les femmes que Barbe-Bleue avait épousées et qu'il avait tuées l'une après l'autre.)

107 mots

彼女は、殺されて壁にずらりと吊るされた女性の死体を見た

　約束はしたけれど、彼女は開けてみたくてたまらなかった、下の階の小部屋を。好奇心に責め立てられて、たった1人で下へ降りた。小部屋の扉のところまで来て、彼女は立ち止まった、少しの間。彼女は考えた、夫がしていった禁止命令のことを。だが、誘惑はあまりに強かった。彼女は、そこで小さい鍵を手に取り、小部屋の扉を開けた。

　小部屋の中を、見てしまった、床は血で覆われていた。そして見てしまった、数人の死んだ女性の身体が吊るされて壁に並んでいるのも。（それは皆、青ひげが結婚し、次々に殺した女性たちだった。）

語句解説

□ malgré ... …にもかかわらず
□ promesse *f.* 約束
□ pressé 責め立てられて
□ curiosité *f.* 好奇心

□ tentation *f.* 誘惑
□ plancher *m.* 床
□ l'une après l'autre 1人ずつ

目標タイム 35.7 秒	rapideを聴く (1回目) 1・2・3・4・5	速音読 1 秒	速音読 2 秒	速音読 3 秒	rapideを聴く (成果の確認) 1・2・3・4・5

Vous avez voulu entrer dans le cabinet !

✳ 彼女は恐怖のあまり鍵を血だらけの床に落としてしまう。鍵には魔法がかかっていたので、拭いても洗っても血のしみは消えない。

Le lendemain, Barbe-Bleue revint de son voyage et redemanda les clefs. Sa femme les lui donna, mais d'une main tremblante.

Barbe-Bleue vit la petite clef tachée de sang. Il dit à sa femme : « Pourquoi y a-t-il du sang sur cette clef ? »

« Je n'en sais rien », répondit la pauvre femme, plus pâle que la mort.

« Je le sais bien, moi », reprit Barbe-Bleue. « Vous avez voulu entrer dans le cabinet ! Hé bien, madame, vous y entrerez, et vous irez prendre votre place auprès des dames mortes que vous y avez vues. »

89 mots

おまえはあの部屋に入りたかったのだな

翌日、青ひげは旅から戻って、鍵を返すよう言った。妻はそれを渡したが、手は震えていた。

青ひげは小さな鍵に血がついているのを見た。妻に言った。「どうして血がついているのだ、この鍵に？」

「私、何も知りません」哀れな妻は答えた、真っ青になって。

「私はわかっている」青ひげは言った。「おまえはあの部屋に入りたかった。よろしい、奥様、入れてやろう、自分の場所を見つけるがいい、死んだご婦人方のそばにね、おまえは見たのだろう」

語句解説

- □ lendemain *m.* （その）翌日
- □ tremblant 震える
- □ taché de sang 血が付いた
- □ pâle 青ざめた
- □ auprès de ～のそばに

目標タイム	rapideを聴く（1回目）	速音読 1	速音読 2	速音読 3	rapideを聴く（成果の確認）
29.7 秒	1・2・3・4・5	秒	秒	秒	1・2・3・4・5

Il leva son coutelas pour la tuer.

✳ 妻は死ぬ前に、少し待って欲しいと言って姉を呼び、塔に登って、今日会いに来てくれることになっている兄たちが見えたら急ぐよう合図をしてくれと頼む。今か今かと待つのだが……。

Barbe-Bleue se mit à crier si fort que toute la maison trembla. La pauvre femme descendit. Elle alla se jeter à ses pieds, toute éplorée et toute échevelée.

« Cela ne sert à rien », dit Barbe-Bleue. « Il faut mourir. » Et il prit sa femme par les cheveux. Il leva son coutelas pour la tuer.

Mais à ce moment-là, on heurta si fort à la porte que Barbe-Bleue s'arrêta tout court. On ouvrit, et aussitôt on vit entrer deux cavaliers. Mettant l'épée à la main, les cavaliers coururent droit à Barbe-Bleue.

89 mots

青ひげは妻を殺そうと大包丁を振り上げた

　青ひげは怒鳴り始めた。あまりに大きな声なので、家が揺れた。哀れな妻は下へ降りた。（註：このとき姉は塔の上、妻は2階の自分の部屋、青ひげは1階にいた）夫の足もとに身を投げ出した、泣きぬれ、すっかり髪を乱して。

　「そんなことをしても無駄だ」青ひげは言った。「死ぬのだ」そして妻の髪の毛をつかんだ。大包丁を振り上げた、彼女を殺すために。

　そのとき、誰かが激しく戸をたたいたので、青ひげの手が急に止まった。扉が開くと同時に騎士が2人入ってきた。剣を手に、騎士たちはまっすぐ青ひげのところに駆け寄った。

語句解説

□ se mettre à　〜を始める
□ éploré　泣きぬれて
□ échevelé　髪が乱れた
□ cela ne sert（> servir）à rien　何にもならない
□ coutelas *m.*　大包丁
□ heurter　ノックする
□ tout court　突然
□ cavalier *m.*　騎士
□ épée *f.*　剣

目標タイム	rapideを聴く （1回目）	速音読 1	速音読 2	速音読 3	rapideを聴く （成果の確認）
29.7 秒	1・2・3・4・5	秒	秒	秒	1・2・3・4・5

自己最速を更新しよう！

Battez votre propre record !

 1セクションごとの最高タイムから、音読のスピードを計算して、グラフに記入しよう。

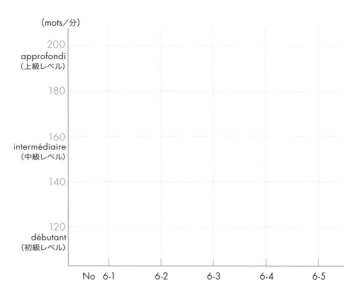

（mots／分）

- 200 approfondi（上級レベル）
- 180
- 160 intermédiaire（中級レベル）
- 140
- 120 débutant（初級レベル）

No 6-1　6-2　6-3　6-4　6-5

 下記の　　　　秒に、テキストごとの最高タイムを記入して計算すると、1分あたりのスピードがわかります。

No 6-1	5880	÷		秒 =		mots／分
6-2	5460	÷		秒 =		mots／分
6-3	6420	÷		秒 =		mots／分
6-4	5340	÷		秒 =		mots／分
6-5	5340	÷		秒 =		mots／分

※数値は、分速の計算用に本文の語数に60を掛けたものです。

p.130 ## Cette barbe le rendait très laid et terrifiant.
このひげが彼をとても醜く恐ろしげに見せていました。

rendre A ＋属詞 で「A を〜の状態にする」

Elle détestait cette jeune fille car ses bonnes qualités rendaient ses filles encore plus haïssables. (『サンドリヨン』) *(p.162)*
彼女はその娘を嫌った、なぜならその娘の美点が自分の娘たちをよりいっそうおぞましいものにしたからだ。

p.130 ## Personne ne savait ce que ces femmes étaient devenues.
その女性たちがどうなったか誰も知りませんでした。

不定代名詞 personne と rien は ne とともに用いられ、それぞれ「だれも〜ない」「何も〜ない」を意味します。つねに男性単数扱い。pas を伴うことはありませんが、jamais、plus との併用はできます。
例）Je ne crois plus à rien.　私はもう何も信じない。

Rien ne la faisait revenir de son évanouissement. (『眠りの森の美女』) *(p.118)*
何をもっても彼女を失神状態から回復させることができなかった。

Il n'y aura rien qui puisse apaiser ma colère. (puisse は接続法) (『青ひげ』) *(p.132)*
私の怒りをなだめられるものは何もないだろう。

Cela ne sert à rien. (『青ひげ』) *(p.136)*
そんなことをしても何にもならない。

p.132 ## S'il vous arrive de l'ouvrir,…
もしあなたがそれを開けるようなことがあれば、……

Il arrive (à qn/qc) de + inf. で「〜は〜することがある」という意味になります。このように il は「彼は、それは」を意味しないで、単に〈主語＋動詞〉という文法的要求を満たすためだけに用いられる場合があり、こうした構文を非人称構文といいます。例えば Il est arrivé un malheur は Un malheur est arrivé と同じ意味ですが（ある不幸が起こった）、非人称構文の方が主となる重い部分が後ろに来て、収まりがいいのでよく使われます。Il pleut（雨が降る）や Il fait beau（天気が良い）も非人称構文です。
また Il arrive que +ind. は「たまたま〜ということがある」です。

Il arriva que le fils du roi donna un bal. (『サンドリヨン』) *(p.164)*
王の息子が舞踏会を催したことがあった。

p.136 ## Je n'en sais rien. Je le sais bien, moi.　何も知りません。私にはわかっている。

Je n'en sais rien. は「本当に何も知らないんです」という感じで、ドラマで警察に捕まった人などがよく言っています。
Je le connais. は「彼を知っている」です。

青ひげのモデル

　この物語の教訓はもちろん、好奇心は数々の後悔をまねくという もの、どんなに心そそられても誘惑に負けてはいけないのです。

　もう1つの教訓というのが付いていますが、これは教訓とはいえ ないもので、いまどき（17世紀の終わり頃のことですよ！）妻に 対してこのような圧制をふるう男などいない、第一夫婦が並んでい る所をみると、どっちが主導権を握っているのやら、妻の方が強い ことが多いのじゃないだろうか、なんて書いてあります。ペローの 韻文作品『グリゼリディス』には、とことん従順な妻（清純な羊飼 いの娘が王妃になったのですが、決しておごることなく旦那様の言 う通り、を徹底します）が出てきますが、あれはユーモアでしょう か。

　この話にも、赤ずきんの「おばあちゃん、どうして……」のよう な繰り返しが出て来て効果を上げています。殺されそうになった妻 はお祈りする時間をください、と15分の半分だけ（細かいですね） 許されて自分の部屋に入ります。運が良ければ今日来るはずになっ ている兄たちが、間に合うかもしれません。姉に頼んで塔の上から 見てもらいます。「姉さん、何か来るのが見えない？」「いいえ、光 の中に舞い上がる砂ぼこりと青い草だけよ」と差し迫った状況で繰 り返されて、読む方もはらはらします。各所に見られる具体的な記 述とこうしたテクニックの組み合わせが、おとぎ話でもあり現代的 でもある、独特の魅力となっていると思います。

　青ひげにはモデルといわれている人物がいます。ジル・ド・レ というフランス人で、15世紀の始め、百年戦争でジャンヌ・ダル

クの右腕となって戦いましたが、どうしたことかその後黒魔術に凝り、奥さんは殺さなかったようですが、放蕩、残虐の限りをつくして、数百人のこどもを殺したことで知られています。武術に長け、教養も高く、美男で非常に裕福で、おまけに敬虔なキリスト教徒だった人がなぜそんなことになったのでしょうか。謎と悪のスケールの大きさが後世の人々の心を捉え続けているようです。

　ジル・ド・レは、髪はブロンドだったのにあごひげは黒く、光線の具合によって青く輝いて見えたといいます。

　この話はグリム童話集にも収録されています。ハンガリーの作曲家バルトークのオペラ『青ひげ公の城』にもなっていますし、寺山修司にも『青ひげ公の城』という戯曲があって、どちらも非常に幻想的な作品のようです。

　最近では、アメリー・ノートンというベルギーのベストセラー作家が、2012年に『青ひげ』（Amélie Nothomb "Barbe bleue"）を書いて、またまたベストセラーになりました。パリの豪邸の間借り人になったら、家主が青ひげだったのです。条件の良すぎる物件にはご用心。さて結末はどうなるのでしょう。この本は薄いですし、それほど難しくないので、興味のある方は是非原書に挑戦してみてください。

猫先生、または
長靴をはいた猫

LE MAÎTRE CHAT,
OU LE CHAT BOTTÉ

L'aîné eut le moulin, le second fils eut l'âne, et le plus jeune fils eut le chat.

✳ 粉屋の父が死んだ時、３人兄弟の末息子は、わずかに残った遺産から１匹の猫を受け取る。これでは暮らしていけないと嘆く若者に、猫が考え深げに話しかけた。

Il était une fois un vieux meunier. Quand le meunier mourut, il laissa tous ses biens à ses trois enfants. Ce patrimoine était très pauvre : c'étaient son moulin, son âne, et son chat. L'aîné eut le moulin, le second fils eut l'âne, et le plus jeune fils eut le chat.

Ce dernier fils ne pouvait se consoler d'avoir un si pauvre lot : « Mes frères pourront gagner leur vie honnêtement. Mais je n'ai qu'un chat. Pour moi, il faudra que je meure de faim. »

Le chat entendit ces mots. Il dit au jeune homme d'un air posé et sérieux : « Ne vous affligez point, mon maître. Donnez-moi un sac et une paire de bottes pour aller dans les broussailles. Vous verrez que vous n'êtes pas si mal partagé que vous croyez. »

126 mots

146

末っ子は猫をもらった

　昔々、年老いた粉屋がいた。粉屋は死んだとき、全財産を3人の子供に遺した。遺産はほんの少し、粉挽き小屋とロバと猫だった。長男は粉挽き小屋を、次男はロバを、そして末っ子は猫をもらった。

　この末っ子はあきらめられなかった、こんなつまらない分け前だなんて。「兄貴たちはちゃんと暮らしていけるだろう。だけど僕には猫しかない、飢え死にするに決まってる」

　猫はこれを聞いていた。若者に向かって、考え深げな真面目な様子で言った。「悲しむことはありません、ご主人様。袋をください、それと長靴を、茂みの中に入るので。おわかりいただけますよ、思ったほど悪い分け前じゃなかったってことが」

語句解説

□ **meunier** 粉屋
□ **bien** *m.* 財産
□ **patrimoine** *m.* 財産
□ **moulin** *m.* 水車小屋、粉引き小屋
□ **âne** *m.* ロバ
□ **se consoler** あきらめる
□ **lot** *m.* 分け前

□ **je meure** (> **mourir**) **de faim** 飢え死にする、空腹で死にそう
□ **posé** 思慮深い、落ち着いた
□ **s'affliger** 悲しむ
□ **broussaille** *f.* 茂み
□ **partager** 分ける

目標タイム	rapideを聴く (1回目)	速音読 1	速音読 2	速音読 3	rapideを聴く (成果の確認)
42 秒	1・2・3・4・5	秒	秒	秒	1・2・3・4・5

Si vous voulez suivre mon conseil, votre fortune est faite.

✳ 猫は袋と長靴をもらうと、早速茂みに入ってウサギを捕まえた。それを持って王様のところへ行き、カラバ侯爵からだと言って献上した。カラバ侯爵というのは、若者のために猫が勝手に作った名前だ。そうやって何度か献上品を届け続けた。

Un jour le roi allait faire une promenade sur le bord de la rivière avec sa fille. Cette fille était la plus belle princesse du monde. Le chat dit à son maître :

« Si vous voulez suivre mon conseil, votre fortune est faite. Allez vous baigner dans la rivière et ensuite laissez-moi faire. »

Le jeune homme fit ce que son chat lui conseillait. Pendant qu'il se baignait, le roi vint à passer. Le chat se mit à crier de toutes ses forces :

« Au secours, au secours ! Voilà monsieur le marquis de Carabas qui se noie ! »

95 mots

私の言う通りにすれば、お金持ちになれます

　ある日王は散歩することになっていた、川のほとりへ娘を連れて。この娘というのは、世界一美しい王女だった。猫は主人に言った。

　「私のアドバイス通りになされば、あなたの富はもうできたようなものです。あなたは行って川に浸かってください、あとは私におまかせを」

　若者は猫の言った通りにした。川に浸かっていると、王が通りかかった。猫は叫び始めた、あらん限りの声を出して。

　「助けてください、助けてください！　ここでカラバ侯爵が溺れています！」

語句解説

- □ conseil *m.* 助言 conseiller 助言する
- □ pendant que …している間
- □ se baigner 水浴びする
- □ toutes ses forces 全力で
- □ Au secours ! 助けてくれ
- □ se noyer 溺れる

目標タイム	rapideを聴く（1回目）	速音読 1	速音読 2	速音読 3	rapideを聴く（成果の確認）
31.7 秒	1·2·3·4·5	秒	秒	秒	1·2·3·4·5

Bonne gens, dites au roi que ce pré appartient à monsieur le marquis de Carabas.

✳ 王様は、何回も献上品を持ってきた猫であることに気付いて、若者を助ける。王様が用意してくれた服を着ると、もともと姿のよかった若者はとても立派に見えたので、王女は恋をしてしまう。

Le chat était ravi de voir que son plan commençait à réussir. Il prit les devants. Quand il rencontra des paysans dans un pré, il dit :

« Bonne gens, dites au roi que ce pré appartient à monsieur le marquis de Carabas. Si vous ne le dites pas, vous serez tous tués. »

Quand le carrosse du roi arriva, le roi demanda aux paysans à qui était ce pré.

« C'est à monsieur le marquis de Carabas », dirent-ils. La menace du chat leur avait fait peur.

« Vous avez là un bel héritage », dit le roi au marquis de Carabas.

96 mots

王様が来たら、この牧草地はカラバ侯爵のものだと言ってください

　猫は大喜び、計画がうまく行き始めたのだ。そして先手を打った。農民たちを牧草地で見かけると、言った。

　「やあ、みなさん、王様に言ってくださいね、この牧草地はカラバ侯爵様のものだって。そう言わないと、全員殺されますよ」

　王の馬車が到着して、王が農民たちに、この牧草地が誰のものか尋ねた。

　「カラバ侯爵様のものです」と彼らは言った。猫の脅しが彼らを怖がらせていた。

　「立派な土地をお持ちだ」王はカラバ侯爵に言った。

語句解説

- □ ravi　大喜びの
- □ prendre les devants　先手を打つ
- □ paysan　農民
- □ pré *m.*　牧草地
- □ menace *f.*　脅し
- □ faire peur (à *qn*)　（〜を）怖がらせる
- □ héritage *m.*《古》不動産

目標タイム 32 秒	rapideを聴く （1回目） 1・2・3・4・5	速音読 1 秒	速音読 2 秒	速音読 3 秒	rapideを聴く （成果の確認） 1・2・3・4・5

Par exemple, pourriez-vous vous changer en un rat ou une souris ?

✳ 行く先々で王様がカラバ侯爵のものだと信じてしまった土地は実は全て人食い鬼のものだった。猫は城まで行って、鬼に面会を乞い、本当にライオンに化けられるのか、と恭しく尋ねる。

« Cela est vrai », dit l'ogre. « Je vais vous montrer. Vous allez me voir devenir lion. »

Le chat fut très effrayé de voir un lion devant lui. Quand l'ogre avait quitté cette forme, le chat lui avoua qu'il avait eu bien peur.

Le chat dit : « On m'a assuré encore, mais je ne saurais le croire, que vous aviez le don de prendre la forme des plus petits animaux. Par exemple, pourriez-vous vous changer en un rat ou une souris ? Cela me semble tout à fait impossible. »

« Impossible ? », dit l'ogre. « Vous allez voir. » Et il se changea en une souris. En un moment, le chat se jeta dessus la souris, et la mangea !

111 mots

あなた様はハツカネズミにも化けられるのですか？

「その通りだ」人食い鬼は言った。「見せてやろう。おれがライオンになるの
を」

　猫はかなりぎょっとした、ライオンを目の前にして。人食い鬼がその姿から
元に戻ったとき、猫は本当に怖かった、と白状した。

　猫は言った。「本当だと聞きましたが、私には信じられません、あなたはもっ
と小さい動物にもなれるのですか。例えば、変身できるのですか、ネズミとか
ハツカネズミとかにも？　私には全くもって無理と思えますが」

　「無理だと？」人食い鬼は言った。「今見せてやる」そして鬼はハツカネズミ
に変身した。一瞬のうちに、猫はそのハツカネズミに飛びついて、食べてしまっ
た！

語句解説

□ montrer　見せる
□ effrayé　おびえた
□ quitter　〜をやめる

□ avouer　白状する
□ rat *m.*　ネズミ、ラット
□ souris *f.*　ハツカネズミ

目標タイム	rapideを聴く（1回目）	速音読 1	速音読 2	速音読 3	rapideを聴く（成果の確認）
37 秒	1・2・3・4・5	秒	秒	秒	1・2・3・4・5

Et la princesse était folle d'amour pour lui.

✳ 到着した王様の一行を迎えた猫は、「カラバ侯爵の城へようこ
そ」と迎えに出る。

Le roi, la princesse, et le marquis entrèrent dans une grande salle magnifique. Le roi était charmé des bonnes qualités de monsieur le marquis de Carabas, et la princesse était folle d'amour pour lui. Enfin le roi dit au marquis :

« Voudriez-vous, monsieur le marquis, devenir mon gendre ? »

Le marquis fit de grandes révérences et accepta l'honneur que lui faisait le roi. Il épousa la belle princesse tout de suite. Le chat devint grand seigneur ; il ne courut plus après les souris, que pour se divertir.

85 mots

王女は彼に夢中でした

　王と王女と侯爵は、素晴らしい大広間に入った。王はカラバ侯爵の性格のよさに感心していたし、王女は彼に夢中だった。とうとう王が侯爵に言った。

「よろしければ、侯爵殿、私の娘婿になってくれませんか？」

　侯爵はうやうやしくお辞儀をして、王の申し出を受けた。彼は美しい王女とただちに結婚した。猫は大貴族となって、もうハツカネズミを追いかけることもなくなった、気晴らし以外では。

語句解説

- □ magnifique　素晴らしい
- □ qualités *f. pl.*　性質、長所
- □ être folle (fou) d'amour　夢中で恋する
- □ gendre *m.*　婿
- □ faire de grandes révérences
　深々とお辞儀をする
- □ honneur *m.*　名誉、光栄
- □ seigneur *m.*　貴族
- □ se divertir　楽しむ、気晴らしをする

目標タイム　28.3 秒	rapideを聴く (1回目) 1・2・3・4・5	速音読 1　秒	速音読 2　秒	速音読 3　秒	rapideを聴く (成果の確認) 1・2・3・4・5

1セクションごとの最高タイムから、音読のスピードを計算して、グラフに記入しよう。

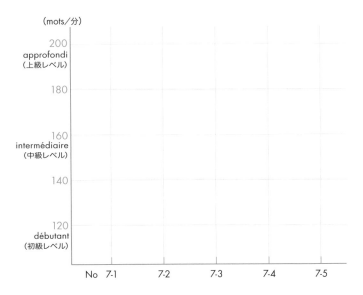

 下記の　　　　　秒に、テキストごとの最高タイムを記入して計算すると、1分あたりのスピードがわかります。

No						
No 7-1	7560	÷		秒	=	mots／分
7-2	5700	÷		秒	=	mots／分
7-3	5760	÷		秒	=	mots／分
7-4	6660	÷		秒	=	mots／分
7-5	5100	÷		秒	=	mots／分

※数値は、分速の計算用に本文の語数に60を掛けたものです。

ワンポイント文法

p.146 **Il faudra que je meure de faim.**
ぼくは飢え死にするに決まってる。

これも非人称構文です。Il faut + inf. / Il faut que + subj. で「〜に違いない、の
はずだ、〜に決まっている」

p.146 **Vous verrez que vous n'êtes pas si mal partagé que vous croyez.**
あなたが思っているほど悪い分け前ではなかったとわかりますよ。

aussi + 形容詞、副詞 + que 〜「〜と同じほど…だ」
否定文では aussi の代わりに si が使われることが多く、「〜ほど…でない」
例）Il est aussi gentil que sa femme.　　　彼は妻と同じくらい親切だ。
　⇒否定形 Il n'est pas si gentil que sa femme.　彼は妻ほど親切ではない。

p.148 **Laissez-moi faire.**
私にまかせてください。私にやらせておいてください。

例）Elle laisse dormir son enfant = Elle laisse son enfant dormir.
Elle le laisse dormir.　彼女は子供を眠らせておく。
（彼女に向かって）Lassez-le dormir.　その子を眠らせておきなさい。

p.152 **Je ne saurais le croire, …**
私はそのことが信じられないのですが……

p.152 **Pourriez-vous vous changer en un rat ou une souris ?**
あなた様はネズミとかハツカネズミに変身できるのですか？

p.154 **Voudriez-vous devenir mon gendre ?**
私の娘婿になってくださいますか？

ここでは条件法が用いられて丁寧な言い方になっています。フランス語には、日
本語にない直接法、条件法、接続法というモード（法）があります。直接法は現
実モード、条件法は空想モード、接続法は思考モードといわれます。しかしどう
して条件法を使うことで婉曲や礼譲の気持ちが表わせるのでしょう？
仮定の文章を思い出してみてください。ここでも猫が農民たちを脅すとき使って
いますが、Si vous ne le dites pas, vous serez tous tués.（そう言わないと全
員殺されますよ (p.150)）これは実現することが明らかというので、直接法です。
それに対して非現実の Si j'étais vous, je ne le ferais pas.（もし私があなたなら

それをしない）では、条件法になっています。条件法は非現実な空想なので、pourriez-vous…? と頼むときも、まさかやってはいただけないだろう、というダメ元の気持ちが出るため婉曲、丁寧になるのです。

ついでに言えば、上述の Il faudra que je meure de faim. の que 以下が接続法なのは、そう考えているということです。

---

p.154 Il ne courut plus après les souris, que pour se divertir.

彼はもはや気晴らしのためにしかネズミを追いかけなかった。

制限否定といわれるもので、ne … que A で「A しか…ない、A だけ…である」と、que 以下に制限します。

ne … plus que A は「もはや A しか…しない」です。

やり手の猫を飼うと

　この物語と類似している伝承の中には、猫でなくてキツネのバージョンもあるそうです。猫になっているのは猫好きには嬉しいことです。キツネも賢そうで小回りが利く感じが猫と共通していますが、猫はそれだけでなく、人間にとって大切な穀物を食い荒らしたり、伝染病を媒介するネズミを捕ってくれるので重宝され、人間との付き合いは非常に長いようです。既に9500年前の墓に、人間と並んで埋葬されているのが見つかっているとか。古代エジプトでは可愛がられるだけでなく崇拝もされていて、その証拠にミイラや神格化された彫像が残っています。中世においては、黒猫などの妖しい感じから悪魔の使いとして迫害されたこともあったそうですが、その後ペストが流行した際、ネズミ捕りで活躍したため名誉挽回できたということです。この物語でも、ネズミ捕りの特技を生かして見事人食い鬼を退治しています。

　また、猫の方も人間から恩恵を受けるらしく、野良猫として暮らす場合は4年から6年という平均寿命が、飼い猫となると14〜18年に延びるそうです。もっともあまりに長生きしすぎて冗談で化け猫といわれている猫もいますが、怪談に出てくる化け猫は飼い主の敵討ちをしたり、自分を虐待した人間に復讐したり、人間に深く関わる行動を取っています。

　さて、この物語の題名は 'Maître chat ou le chat botté' です。猫の方は主人に勝手に名前を付けているのに、主人は猫に名前を付けてやらなかったのか、猫の名前は出てきませんが maître と称号が付いています。普通名詞としての意味は、主人とか支配者、教師な

どで、『眠りの森の美女』にも Maître d'Hôtel（給仕長、料理頭）が出てきましたね。呼びかけや名前の前に付ける maître は大芸術家や法律家、特に弁護士の敬称に使われているのをよく見ます。昔は、農民や職人間での「大将」とか「親方」という親しみをこめた呼び方だったようですが、フランス語版の注釈には、「猫は状況を的確に理解して主人を教え導いているのでまさに先生だ」とありました。ただし女性形 maîtresse には愛人の意味がありますので、先生について Elle est ma maîtresse などと気軽に言わないようにしましょう。

　また類話の研究者たちは、猫に長靴をはかせたのはペローの独創だということで、一致しているそうです。この長靴は、藪に踏み込んだり、農民をおどしたりするのに役に立ちましたが、人食い鬼がライオンに変身したので恐ろしくて屋根の上まで逃げたときは、長靴のせいで落ちそうになったと書いてあります。

　最後に教訓は、「若者にとって才覚と世渡りの術は、もらった財産より役に立つ」もう１つの教訓は「衣装や顔かたちや若さが人の心をとらえるのに役に立つ」というもの。才覚は猫にしかなかったのですが、主人の方にもそれを生かせる素質がありました。性格も良かったようです。結局２人で幸運を手に入れたということになるのでしょうか。主人も最初は猫の提案に半信半疑だったけれど、猫がいつも様々な詭計を弄してネズミをしとめているのを見ていたので、まあやらせてみるか、と思ったのだそうです。

サンドリヨン、または
小さなガラスの靴

CENDRILLON, OU LA PETITE
PANTOUFLE DE VERRE

La belle-mère chargea la pauvre fille des plus viles occupations de la maison.

✳ 昔、ある男が高慢ちきな女と再婚した。この女の２人の娘たちも母親にそっくりだった。男には最初の妻との間に生まれたやさしく美しい娘がいた。

Il était une fois un homme qui épousa en secondes noces une femme très fière et hautaine. Cette femme avait deux filles qui étaient exactement comme leur mère. De son côté, le mari avait de son premier mariage une jeune fille très douce, belle, et gentille.

Après les noces, la belle-mère fit éclater sa mauvaise humeur. Elle détestait cette jeune fille car ses bonnes qualités rendaient ses filles encore plus haïssables.

La belle-mère chargea la pauvre fille des plus viles occupations de la maison. Elle nettoyait la vaisselle et frottait les chambres. Elle couchait dans un grenier. La pauvre fille endurait tout avec patience.

104 mots

継母はかわいそうな娘に家の一番嫌な仕事をさせた

　昔々、ある男が、2度目の結婚をしたが、相手は高慢で、高飛車な女だった。この女には2人の娘がいて、まさに母親そっくりだった。一方、夫の方にも最初の結婚でとても優しくて、きれいな、感じのよい若い娘がいた。

　結婚式のあと、継母は悪い性分をむき出しにした。この娘を嫌ったが、それはこの娘の美点が、自分の娘たちをよりいっそうおぞましいものに見せたからだ。

　継母はかわいそうな娘に、一番嫌な家事をさせた。それで、娘は皿を洗い、床磨きをした。眠るのは屋根裏。娘はそうしたこと全てを辛抱強く我慢していた。

語句解説

□ épouser qn en secondes noces
　〜と再婚する
□ fier　高慢な
□ hautain　横柄な
□ éclater　はっきり現れる
□ humeur f.　性分
□ haïssable　嫌な
□ charger qn de qc　〜に〜をさせる

□ vil　卑しい
□ occupation f.　仕事
□ nettoyer　きれいにする
□ frotter　磨く
□ grenier m.　屋根裏部屋
□ endurer　我慢する
□ avec patience f.　辛抱強く

目標タイム	rapideを聴く (1回目)	速音読 1	速音読 2	速音読 3	rapideを聴く (成果の確認)
34.7 秒	1・2・3・4・5	秒	秒	秒	1・2・3・4・5

Cependant Cendrillon, avec ses vilains habits, était toujours cent fois plus belle que ses sœurs.

✳ 継母は、娘の美点が自分の娘たちをみにくく見せるので、彼女を嫌った。継母は家のいやな仕事を娘にやらせた。娘は辛抱強く我慢した。

Lorsque cette pauvre fille avait fait son ouvrage, elle allait se mettre au coin de la cheminée et s'asseoir dans les cendres. Donc on l'appelait Cucendron. La fille cadette de la belle-mère (qui était un peu moins mauvaise que la fille aînée) l'appelait Cendrillon.

Cependant Cendrillon, avec ses vilains habits, était toujours cent fois plus belle que ses sœurs.

Il arriva que le fils du roi donna un bal. Les deux filles de la belle-mère en étaient ravies. Elles étaient très occupées à choisir les habits et les coiffures pour le bal. Les sœurs appelèrent Cendrillon pour lui demander son avis, car elle avait bon goût.

107 mots

サンドリヨンは見苦しい服を着ていても、姉たちより100倍きれいだった

　このかわいそうな娘は、仕事をやってしまうと、暖炉の隅へ行って、灰の中に座った。それで、キュサンドロン（cul ＋ cendron 尻灰）と呼ばれた。継母の下の娘は（少しだけ姉娘ほど性悪ではなかったので）娘をサンドリヨン（灰だらけ）と呼んだ。

　しかしサンドリヨンは、見苦しい服を着ていても、姉たちより100倍美しいのだった。

　王子が舞踏会を催すことになった。継母の2人の娘は有頂天となった。夢中になって、着るものや髪型を、舞踏会のために選んだ。姉たちはサンドリヨンを呼んで、意見を聞いた、というのも彼女はセンスがよかったからだ。

語句解説

- □ ouvrage *m.* 仕事
- □ coin *m.* 片隅
- □ cheminée *f.* 暖炉
- □ cendre *f.* 灰
- □ vilain 見苦しい
- □ habits *m. pl.* 衣服
- □ toujours それでもやはり

- □ il arrive que たまたま…ということがある
- □ bal *m.* 舞踏会
- □ occupé à *inf* …に没頭している
- □ coiffure *f.* ヘアスタイル
- □ avis *m.* 意見
- □ goût *m.* センス

目標タイム	rapideを聴く (1回目)	速音読 1	速音読 2	速音読 3	rapideを聴く (成果の確認)
35.7 秒	1・2・3・4・5	秒	秒	秒	1・2・3・4・5

Sa marraine la frappa de sa baguette, et la citrouille fut aussitôt changée en un beau carrosse tout doré.

✳ 舞踏会の当日、姉たちが出かけたあと、サンドリヨンが1人で泣いていると、代母である仙女が現れた。おまえも舞踏会に行きたいのだね、と尋ねる。

« Hélas ! oui », dit Cendrillon en soupirant.

« Hé bien, je t'y ferai aller », dit sa marraine. Elle la mena dans sa chambre et lui dit : « Va dans le jardin et apporte-moi une citrouille. »

Cendrillon alla trouver une très belle citrouille et la porta à sa marraine.

Sa marraine la frappa de sa baguette, et la citrouille fut aussitôt changée en un beau carrosse tout doré.

Ensuite la marraine trouva six souris. Elle frappa les souris de sa baguette, et elles étaient aussitôt changées en de beaux chevaux pour le carrosse.

Ensuite la marraine trouva un rat. Elle frappa ce rat de sa baguette, et il était aussitôt changé en un cocher pour le carrosse.

108 mots

代母が杖でたたくと、カボチャはたちまち立派な馬車になった

「ああ！そうなの！」サンドリヨンは言った、ため息をつきながら。

「それじゃあ、行かせてあげよう」代母が言った。サンドリヨンを部屋に連れて行って、こう言った。「庭へ行って、私にカボチャを1つ持っておいで」

サンドリヨンは立派なカボチャを見つけて、代母のところへ持って来た。

代母がそれを杖でたたくと、カボチャは立派な金色の4輪馬車に変わった。

次に代母は、ハツカネズミを6匹見つけた。杖でたたくと、ハツカネズミたちは、たちまち4輪馬車の立派な馬となった。

続けて、代母はネズミを1匹見つけた。これを杖でたたくと、ネズミはたちまち4輪馬車の御者になった。

語句解説

- □ **soupirer** ため息をつく
- □ **citrouille** *f.* カボチャ
- □ **baguette** *f.* 杖
- □ **aussitôt** ただちに
- □ **doré** 金色の
- □ **cocher** *m.* 御者

目標タイム	rapideを聴く （1回目）	速音読 1	速音読 2	速音読 3	rapideを聴く （成果の確認）
36 秒	1・2・3・4・5	秒	秒	秒	1・2・3・4・5

Elle oublia donc ce que sa marraine lui avait recommandé.

✳ 華麗なドレスと美しいガラスの靴を身に付けたサンドリヨン
が城に行くと、みながその美しさに目をみはり、王子はサン
ドリヨンに夢中になった。ただし真夜中になると魔法は解け
てしまう。家に戻ったサンドリヨンは代母にもう一度行かせ
て欲しいと頼む。

Le lendemain les deux sœurs furent au bal, et Cendrillon aussi. Le fils du roi était toujours avec elle. Il était fort amoureux de cette belle inconnue.

Cendrillon s'amusa beaucoup au bal. Elle oublia donc ce que sa marraine lui avait recommandé, et quand elle entendit sonner le premier coup de minuit, elle se leva et s'enfuit. Le prince la suivit, mais il ne put pas la rattraper. Dans sa fuite, Cendrillon laissa tomber une de ses pantoufles de verre, que le prince ramassa bien soigneusement.

Cendrillon arriva chez elle sans carrosse, sans chevaux, et avec ses vilains habits. Mais elle avait encore une de ses petites pantoufles, pareille à celle qu'elle avait laissé tomber.

105 mots

彼女は代母が忠告したことを忘れた

翌日、2人の姉たちは舞踏会へ行ったが、サンドリヨンも同じだった。王子は相変わらず彼女のそばにいた。彼は激しく恋をしたのだ、この誰だかわからない美しい人に。

サンドリヨンは舞踏会で、とても楽しんだ。それで忘れてしまった、代母が忠告したことを。そして、真夜中を告げる最初の音が聞こえたとき、立ち上がって逃げ出した。王子は追いかけたが、追いつくことができなかった。逃げる途中、サンドリヨンは落とした、片方のガラスの靴を、それを王子は拾い上げた、とても注意深く。

サンドリヨンは家にたどり着いた、4輪馬車も馬もなしで、いつもの見苦しい服を着て。だが、まだ小さな靴の片方があった、落として来たのと同じ靴が。

語句解説

- □ inconnu 身元不明の
- □ recommander 勧める、忠告する
- □ sonner 鳴る
- □ s'enfuir 逃げ去る fuite f. 逃げること
- □ suivre あとを追う
- □ rattraper 追いつく
- □ pantoufles f. pl. 室内履き
- □ verre m. ガラス
- □ ramasser 拾い上げる
- □ soigneusement 注意深く

目標タイム	rapideを聴く (1回目)	速音読 1	速音読 2	速音読 3	rapideを聴く (成果の確認)
35 秒	1・2・3・4・5	秒	秒	秒	1・2・3・4・5

Je voudrais l'essayer aussi, s'il vous plaît.

✳ 王子はすぐに、そのガラスの靴にぴったり足の合う女性を探させた。

On apporta la pantoufle chez les deux sœurs aussi. Cendrillon reconnut sa pantoufle et dit en riant :

« Je voudrais l'essayer aussi, s'il vous plaît. »

Ses sœurs se mirent à rire et à se moquer d'elle. Mais le gentilhomme qui faisait l'essai de la pantoufle dit : « Cela est juste. J'ai ordre de l'essayer à toutes les filles. »

Le gentilhomme fit asseoir Cendrillon, et elle commença à essayer la pantoufle. Son petit pied était bien juste ! L'étonnement des deux sœurs fut grand, mais plus grand encore quand Cendrillon tira de sa poche l'autre petite pantoufle, qu'elle mit à son pied.

98 mots

私も試していいかしら

　靴は2人の姉のところにも持って来られた。サンドリヨンは自分の靴を見て、笑いながら言った。

「私も試していいでしょうか」

　姉たちは笑い出して、彼女を馬鹿にした。だが、靴を試しに来た侍従は言った。「それがいいでしょう。私は、全ての娘さんに試すよう命令されています」

　侍従はサンドリヨンを座らせた。サンドリヨンは靴を履いてみる。その小さな足は靴にぴったりだった！　2人の姉はひどく驚いたが、その驚きはさらに大きくなった。サンドリヨンが、ポケットからもう片方の小さな靴を取り出して履いてみせたからだ。

語句解説

- □ apporter 持ってくる、持っていく
- □ reconnut > reconnaître 認める
- □ essayer 試す　essai *m.* 試すこと
- □ se moquer de *qn* 〜を馬鹿にする
- □ gentilhomme *m.* 侍従
- □ juste 《古》正しい、ちょうど合った
- □ pied *m.* 足
- □ tirer A de B　BからAを取り出す

目標タイム	rapideを聴く （1回目）	速音読 1	速音読 2	速音読 3	rapideを聴く （成果の確認）
32.7 秒	1·2·3·4·5	秒	秒	秒	1·2·3·4·5

自己最速を更新しよう！

Battez votre propre record !

 1セクションごとの最高タイムから、音読のスピードを計算して、グラフに記入しよう。

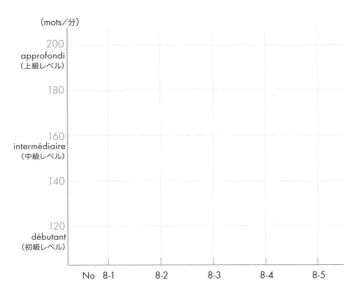

（mots／分）

200
approfondi
（上級レベル）

180

160
intermédiaire
（中級レベル）

140

120
débutant
（初級レベル）

No　8-1　　　　8-2　　　　8-3　　　　8-4　　　　8-5

 下記の　　　　　　秒に、テキストごとの最高タイムを記入して計算すると、1分あたりのスピードがわかります。

No 8-1	6240	÷		秒	=		mots／分
8-2	6420	÷		秒	=		mots／分
8-3	6480	÷		秒	=		mots／分
8-4	6300	÷		秒	=		mots／分
8-5	5880	÷		秒	=		mots／分

※数値は、分速の計算用に本文の語数に60を掛けたものです。

ワンポイント文法

p.162 La belle-mère chargea la pauvre fille des plus viles occupations de la maison.

継母はかわいそうな娘に家の最も卑しい仕事をさせた。

Elle lui paraissait être la plus belle fille du monde. (『眠りの森の美女』) *(p.122)*
彼には彼女が世界一の美女に思えた。

定冠詞 + plus（moins）+ 形容詞 + de 比較の対象
は「最も〜」を表わします。Des plus viles occupations が des になっているの
は charger qn de qc の de + les だからです。
bon、mauvais、petit の最上級は le meilleur、le pire、le moindre

p.164 La fille cadette qui était un peu moins mauvaise que la fille aînée l'appelait Cendrillon.

妹娘は多少なりとも姉娘ほど性格が悪くなかったので、彼女をサンドリヨンと呼んだ。

p.164 Cendrillon était toujours cent fois plus belle que ses sœurs.

サンドリヨンは姉たちよりいつも100倍も美しかった。

比較級には、「より多く〜である」 plus 〜 que
「と同じほど〜である」 aussi 〜 que
「より〜でない」 moins 〜 que があります。
bon の比較級は普通 meilleur が使われます。「より悪い」は pire より moins
mauvais、petit も moindre より plus petit の方が一般的です。un peu や cent
fois は程度や強調で、ほかにも bien、beaucoup などが考えられます。

p.164 Les deux filles de la belle-mère en étaient ravies.

継母のふたりの娘はそのことで有頂天になった。

Je t'y ferai aller. 私がおまえをそこへ行かせてあげよう。
どちらも前に出てきたことを受けて、en は de + 〜、y は à+ 〜です。

p.166 La citrouille fut aussitôt changée en un beau carrosse.

カボチャはたちまち立派な馬車に変わった。

changer en 〜 は取り替えるのではなく「変質させる」という意味になります。
例）changer qc. en bien 〜を改善する

p.168 Dans sa fuite, Cendrillon laissa tomber une de ses pantoufles de verre.

逃げる途中、サンドリヨンはガラスの靴を片方落とした。

Laisser faire と同じ形ですね。laisser tomber は「何かを落とす」という意味の他、「やめる」とか「恋人を振る」とか、「ほっぽり出す」という意味にもよく使われます。

例）J'ai laissé tomber le tennis.　テニスをやめてしまった。
　　Laisse tomber.　やめとけ。

p.170 Cela est juste.

おっしゃることはもっともです。

p.170 Son petit pied était bien juste !

小さな足はぴったりだった。

上の意味は今も同じですが、下の用法に関しては、現在では un peu, bien, trop をともなって時間や服、靴などがむしろ「ぎりぎり」、とか「きつい」という意味になります。

頼りになる代母

　サンドリヨンは英語のシンデレラです。

　ここでの教訓は、女性にとって美しさも貴重な財産といえるけれど、善意というものは値の付けようもなく尊い。それは名付け親からのなによりの贈り物。そしてもろもろの才能に恵まれたとしても、それを生かしてくれる名付け親たる代父 parrain や代母 marrain がいなければなんにもならない、ということです。

　この代母というのが、『サンドリヨン』だけでなく『眠りの森の美女』にも登場して活躍しています。本当に強い味方です。代母や代父（名付け親と訳してもいいと思いますが、名前を付けたという記述が全くないので、とりあえずキリスト教で洗礼に立ち合ってもらい、以後後見人の役割を果たす人を指すこの語をあてました）はその子の才能や特質を理解し、あるいは贈り物として願ってくれ、それがうまく育つように援助してくれる、保護者であり指導者であるのです。代父母と子の結びつきは本当の親子より強いとも言われます。確かに継母や姉たちにいじめられているサンドリヨンには父親もいるのに、妻に頭が上がらないので訴えても無駄だったと書いてあります。おとぎ話の中の困ったとき出て来て、魔法の杖で助けてくれる仙女の代母、もしかすると私たちにもいるのかもしれません。

　けれどこの仙女である代母も、本当にいよいよというときしか登場しないし、万能ではないのです。サンドリヨンでは12時には魔法が解けて元に戻ってしまうし、錘で怪我をした王女は100年眠らなければなりません。おとぎ話といっても何もかも魔法でうまく行くわけではないのですね。

気になっているのは、ガラスの靴というのが想像では華奢なピンヒールのパンプス、あるいはダンスシューズのはずなのですが、pantoufles de verre となっていて（原文も）、辞書を引くと、これではスリッパ、室内履きではないのかということです。岩波文庫版の注釈に「室内履きのように、かかとを覆い隠さない靴のこと」とありました。だからぴったりの靴でも脱げてしまったのですね。けれどそんな靴でダンスを踊るというのが、まだ少しピンと来ません。

　むしろフランスで昔から問題になっていたのは、ガラスの方で、バルザックなどは、verre は間違いで vair リスの毛皮だと断言し、その説が有力だった時代もあったようです。しかし、他の国の伝承でもガラスの靴となっていること、博識のペローがそんなことを間違えるはずがないこと、そして決め手として、どう考えても毛皮の靴よりロマンティックなことから、議論は納まったとか。

　はるか昔の物語といいながら、サンドリヨンのお姉さんたちの支度は髪型や付け黒子など、さりげなく17世紀末宮廷の華やかなモードが取り入れられています。舞踏会の場面はヴェルサイユ宮殿を思い浮かべればいいでしょう。そこに毛皮の靴は、やはりないように思われます。

参考文献

第1部　星の王子さま

第1部を書く際、参照した参考文献のうち、日本語のものをあげました。

邦訳

ここにあげた以外にも、さまざまな訳が出ています。ぜひ、読み比べてみてください。

★ 池澤夏樹訳、『星の王子さま』、集英社文庫、2005 年
★ 河野万里子訳、『星の王子さま』、新潮文庫、2006 年
★ 内藤濯訳、『星の王子さま』、岩波少年文庫、1953 年
★ 野崎歓訳、『ちいさな王子』、光文社古典新訳文庫、2006 年

解説書

解説書もさまざまなものが出ています。ここでは、比較的手に入りやすいものをあげました。

★ 鹿島茂ほか、『星の王子さまとサン＝テグジュペリ』、河出書房新社、2013 年
★ 片木智年、『星の王子さま☆学』、慶応義塾大学出版会、2005 年
★ 加藤恭子、『「星の王子さま」をフランス語で読む』、ちくま学芸文庫、2000 年
★ 塚崎幹夫、『星の王子さまの世界』、中公文庫、2006 年
★ 内藤濯、『星の王子とわたし』、丸善、2006 年
★ 藤田尊潮、『『星の王子さま』を読む』、八坂書房、2005 年

朗読 CD

『星の王子さま』のフランス語の朗読 CD はいくつか発売されています。フランス語専門書店や大型書店のフランス語コーナー、あるいは日本のアマゾンでも買えるようですので、ぜひ、全体の朗読も聞いてみてください。

おすすめはフランスの名優ジェラール・フィリップによる朗読です。原文全てを読んでいるわけではなく、抜粋版ですが、非常に情景がイメージしやすいCDになっています。ジェラール・フィリップが「ぼく」の役を演じ、王子さまやバラは他の俳優が演じています。

★ Gerard Phillipe, Le Petit Prince, Universal Music Division Mercury Records, 1999

全文を読んだものとしては、こちらも俳優のベルナール・ジロドーによるものがあります。ジロドーは全文をひとりで読んでいます。

★ Le Petit Prince CD lu par Bernard Giraudeau, Hoerverlag Dhv Der, 2007

第2部　シャルル・ペローのおとぎ話

第2部を書く際、使用したフランス語版

★ Charles Perrault Contes (Le livre de poche classiques　2006年版)

あらすじやコラムを書くにあたって次の書籍を参照しました。
★新倉朗子訳『完訳ペロー童話集』、岩波文庫　1982.
★工藤庸子訳『いま読むペロー「昔話」』羽鳥書店、2013.
★荒俣宏訳、ハリー・クラーク絵『ペロー童話集』新書館、2010.
★私市保彦『「赤ずきん」のフォークロア、誕生とイニシエーションをめぐる謎』新曜社、2013.　他

文法解説で主に参考にしたのは以下の通りです。
★目黒士門『現代フランス広文典』白水社、2000.
★東郷雄二『中級フランス語つたえる文法』白水社、2011.
★曽我祐典『中級フランス語よみとく文法』白水社、2011.
★西村牧夫『中級フランス語あらわす文法』白水社、2011.

音読から速音読、
そして多読へ

簡単そうで難しい、フランス語の多読

リーディング力をつけるためには、繰り返したくさん読むこと、いわゆる「多読」がもっとも効果的な学習法です。多読では、「1. 速く、2. 訳さずフランス語のまま、3. なるべく辞書を使わず」に読むことが大切です。

しかし、いざ多読にチャレンジしてみても、スラスラ読めないという方も少なくありません。ここで、「我慢して読み続ければ、いつかスラスラ読めるようになる」と考えるのは禁物です。我慢して読まなければいけないのは、多読の基礎となる速読ができていないからです。これは、基礎練習が足りない状態で、練習試合に臨むようなものです。

音読と速音読で、速読力を養う

本書で紹介のトレーニングで、フランス語をフランス語のまま理解できる「フランス語回路」が育成できます。フランス語をフランス語のまま理解できるわけですから、リスニング力

だけでなく、リーディング力（とりわけ速読力）も育成できます。心配な方は、「基本編（リスニング力を強化する）」のトレーニング étape 1 と、étape 5 で CD【rapide】を聞いた後で、秒数を測りながら、フランス語の文を黙読してみてください。速読スピードが向上しているはずです。

　音読することで、黙読（速読）スピードが向上するのは、何故でしょう？　実は、ネイティブスピーカーは、黙読していても、脳の音声領域が反応しています。黙読とは、声に出さない音読なのです。ですから、フランス語の文を速音読した後で黙読すると、物理的に口を動かして声を出すというブレーキが外れて、速読スピードが一気に上がります。事実、ネイティブスピーカーの音読スピードの限界は、1分間に200語程度ですが、黙読なら1分間に300語以上のスピードになります。

　ところで、皆さんは、母国語（日本語）を最初から黙読できましたか？　日本人の場合は、だいたい2歳で聞き始め、3歳で話し始め、4歳で読み始めますが、この段階では黙読できません。黙読ができるのは、小学校に上がって、教科書を使って音読を練習し、2年生になる頃です。文字を見て音読する（文字→音）トレーニングを続けると、音読しなくても、脳の音声領域が反応するようになり、黙読できるようになるのです。この原理は、何語でも同じです。では、脳の音声領域が反応すると、黙読できるのは何故でしょう？　前述の通り、自然な言語習得は、聞くことから始まります。親が、「マンマよ」という

具合に、食べ物などを見せながら、子供に話しかけを続けることで、音（リズム）を聞くと、絵（イメージ）が浮かぶようになります。やがて、頭に浮かんだイメージをリズムで伝えられるようになり、話せるようになります。読む際は、音読することで、文字をリズムに変換して、頭にイメージを浮かべます。やがて、音読しなくても、文字をリズムに変換できるようになり、黙読できるようになるのです。

　ですから、音読できないフランス語の文は、黙読（速読）もできない（意味がわからない）のが自然です。反対に、黙読できるフランス語の文は、音読もできますし、聞いてもわかるのが自然です。

　結局、フランス語の文を速読できるようになるには、ネイティブスピーカーの練習方法（音読）が１番というわけです。速読力を養う音読・速音読のコツは前述の通りで、ネイティブスピーカーは、黙読（速読）の際に、文字をリズムに変換します。ここで大事なことは、ひとつひとつの単語を音に変換していくのではなく、実際に話される際と同様に、意味の区切り単位で、リズムに変換していることです。意味の区切りとは、「だれが」「どうした」「だれに」「いつ」「どこで」「どんなふうに」といったことです。

　これは、日本語で、「私はテレビを見ます」であれば、「私は ／ テレビを ／ 見ます」というリズムが最小単位で、人によって

「私は / テレビを見ます」「私は / テレビを / 見ます」という
違いはあっても、「私 / は / テ / レ / ビ / を / 見 / ま / す」
とは、言わないのと同じです。

　ネイティブスピーカーは、日常的に母国語を聞き、毎日の音
読を小学校の6年間続けます。ですから、文字を見れば、自然
にリズム変換できます。では、フランス語のネイティブスピー
カーではない私たちが、文字（フランス語の文）をリズムに
変換できるようになるには、どうしたら良いのでしょうか？
ひとつは、毎日10分で構いませんから、音読習慣をつけるこ
と。そして、リズムを意識して、音読・速音読を行うことです。

音読と多読の両輪で、フランス語力が飛躍する

　音読の習慣ができたら、少しずつ多読にチャレンジしましょ
う。なお、多読を始めたばかりの時期に、無理は禁物です。極
力やさしいもの、内容を推測しやすいものから始めましょう。
多読の目的は、音読で養った速読スピードで、大量のフランス
語の文を読み、スピードを持続できるスタミナを養うことで
す。ですから、多読の際は、前述通り「1. 速く、2. 訳さずフ
ランス語のまま、3. なるべく辞書を使わず」読みます。

　しかし、単語の暗記は、歴史の年号を覚えるようなもので、
すぐに忘れてしまいます。単純記憶したものの1カ月後の定着

率は21%といわれています。79%は忘れるわけです。ですから、記憶するには、覚えることよりも、忘れないことに比重をかける。つまり定着率を上げることを考える必要があります。

そのためには、忘れてしまう前にもう1度その単語に出会うことが必要です。具体的な方法は、日本語訳でフランス語の文の意味を確認した上で、何度も音読をすることです。100語のフランス語の文の音読は、1分かからずにできます。日本語訳で意味を確認して、CDを聞き、真似するように3回音読、さらに速音読を3回しても、10分で終わります。

フランス語の文を変えながら、30日続けると、3,000語です。1回では、頭に残らないような気がするかもしれませんが、移動中にCDを聞いたり、シャドウイング（32ページ）をしたりすれば、思い出します。これを、半年続ければ3,000語を6回転、1年続ければ12回転することになりますから、忘れることなく単語の意味が定着します。

しかし、これではまだ不十分です。単語の意味は、文脈によって異なるからです。そのために不可欠なのが、多読なのです。音読・速音読とリスニングで、単語の基本的な意味を定着させ、多読で語感を養う。音読・速音読で、速読スピードを上げ、そのスピードで多読することで、スタミナを養う。音読と多読の両輪でこそ、フランス語力は飛躍します。

Index

187

★トレーニングが終わったら……

楽しく読んでフランス語力アップ
IBC対訳ライブラリー

フランス語の朗読CDを聞きながら
日仏対訳で物語を楽しめる人気のシリーズです！

MP3
CD
付き

フランス語で読む
星の王子さま

サン＝テグジュペリ 原著
ミキ・テラサワ フランス語リライト
井上久美 日本語訳・解説
A5判 214ページ 本体価格 2400円
ISBN 978-4-7946-0147-6

フランス語で読む
シャルル・ペローの
おとぎ話

シャルル・ペロー 原著
ミキ・テラサワ フランス語リライト
鈴木秀幸 日本語訳・解説
A5判 168ページ 本体価格 2200円
ISBN 978-4-7946-0199-5

名作で学ぶフランス語音読トレーニング

2021年2月5日　第1刷発行

著　者　　鹿野 晴夫

　　　　　ケゼール千尋

　　　　　土居 佳代子

監　修　　川島 隆太

発行者　　浦 晋亮

発行所　　IBCパブリッシング株式会社
　　　　　〒162-0804 東京都新宿区中里町29番3号 菱秀神楽坂ビル9F
　　　　　Tel. 03-3513-4511 Fax. 03-3513-4512
　　　　　www.ibcpub.co.jp

印刷所　　株式会社 シナノパブリッシングプレス

ISBN978-4-7946-0651-8